VOYAGES

DE LA PÉROUSE.

—

IN-8° — 4° SÉRIE.

Propriété des Éditeurs.

F. F. Ardant Frères

VOYAGES

DE

LA PÉROUSE

AUTOUR DU MONDE

Par Victor BLANCHARD.

<table>
<tr><td>

LIMOGES

F. F. ARDANT FRÈRES,
Avenue du Midi, 11.

</td><td>

PARIS

F. F. ARDANT FRÈRES,
Quai du Marché-Neuf, 4.

</td></tr>
</table>

PRÉLIMINAIRES.

—

Le dernier voyage de Cook n'était encore connu que par la fin tragique de l'illustre capitaine, quand la France, profitant des loisirs de la paix, crut devoir à son rang parmi les nations civilisées de concourir à l'achèvement de la reconnaissance du globe, et de tenter dans cette vaste carrière quelque grande entreprise. Les préparatifs d'une expédition autour du monde furent ordonnés et poussés avec activité. La mission était périlleuse, il fallait pour la commander un homme habile et expérimenté. Le choix se fixa sur La Pérouse, que ses travaux et ses succès constants dans la marine militaire avaient déjà rendu célèbre. Avant de passer au récit de cette malheureuse campagne, nous croyons qu'on ne lira pas sans intérêt quelques détails sur la vie du brave marin dont l'infortune a rendu le nom si populaire.

Jean-François Galaup de La Pérouse, chef d'escadre, naquit à Alby en 1741. Entré dès ses jeunes ans dans l'école de la marine, ses premiers regards se tournèrent vers les navigateurs célèbres qui avaient illustré leur patrie, et il prit dès lors la résolution de marcher sur leurs traces; mais, ne pouvant avancer qu'à pas lents dans cette route difficile, il se prépara, en se nourrissant d'avance de leurs travaux, à les égaler un jour. Il joignit de bonne heure l'expérience à la théorie : il avait déjà fait dix-huit campagnes quand le commandement de la dernière expédition lui fut confié. Garde de la marine le 19 novembre 1756, il fit d'abord cinq campagnes de guerre, les quatre premières sur *le Célèbre*, *la Pomone*, *le Zéphir* et *le Cerf*, et la cinquième sur *le Formidable*, commandé par Saint-André du Verger. Ce vaisseau faisait partie de l'escadre aux ordres du maréchal de Conflans, lorsqu'elle fut jointe à la hauteur de Belle-Isle par l'escadre anglaise. Les vaisseaux de l'arrière-garde, *le Magnifique*, *le Héros* et *le Formidable*, furent attaqués et environnés par huit ou dix vaisseaux ennemis. Le combat s'engagea et devint général; il fut si terrible, que huit vaisseaux anglais ou français coulèrent bas pendant l'action, ou allèrent se perdre et se brûler sur les côtes de France. Le seul vaisseau *le Formidable*, plus maltraité que les autres, fut pris après la plus vigoureuse défense. La Pérouse se conduisit avec une grande bravoure dans ce combat où il fut grièvement blessé.

Rendu à sa patrie, il fit dans le même grade, sur le vaisseau *le Robuste*, trois nouvelles campagnes : il s'y distingua dans plusieurs circonstances, et son mérite naissant commença à fixer les regards de ses chefs.

Le 1er octobre 1764, il fut promu au grade d'enseigne de vaisseau. Un homme moins actif eût profité des douceurs de la paix ; mais sa passion pour son état ne lui permettait pas de prendre du repos. Il suffit, pour juger de sa constante activité, de parcourir le simple tableau de son existence militaire depuis cette époque jusqu'en 1777.

En 1779, La, Pérouse commandait *l'Amazone*, qui faisait partie de l'escadre aux ordres du vice-amiral d'Estaing. Voulant protéger la descente des troupes à la Grenade, il y mouilla à portée de pistolet d'une batterie ennemie. Lors du combat de cette escadre contre celle de l'amiral Byron, il fut chargé de porter les ordres du général dans toute la ligne. Enfin, il prit sur la côte de la Nouvelle-Angleterre la frégate *l'Ariel*, et contribua à la prise de *l'Experiment*.

Nommé capitaine, le 4 avril 1780, il commandait la frégate *l'Astrée*, lorsque, se trouvant en croisière avec *l'Hermione*, commandée par le capitaine La Touche, il livra le 21 juillet un combat très opiniâtre à six bâtiments de guerre anglais, à six lieues du cap nord de l'île Royale. Cinq de ces bâtiments, *l'Allé-geance*, de vingt-quatre canons, *le Vernon*, de même force, *le Charlestown*, de vingt-huit, *le Jack*, de quatorze, et *le Vautour*, de vingt, formèrent une ligne pour l'attendre; le sixième *le Thompson*, de dix-huit, resta hors de la portée du canon. Les deux frégates coururent ensemble sur l'ennemi, toutes voiles dehors. Il était sept heures du soir lorsqu'elles tirèrent le premier coup de canon. Elles prolongèrent la ligne anglaise sous le vent, pour lui ôter tout espoir de fuir. *Le Thompson* restait constamment au vent. Les deux frégates manœuvrèrent avec tant d'habileté, que le désordre se mit bientôt dans l'escadrille anglaise : au bout d'une demi-heure, *le Charlestown*, frégate commandante, et *le Jack*, furent obligés de se rendre; les trois autres bâtiments auraient sans doute éprouvé le même sort, si la nuit ne les eût dérobés à la poursuite des deux frégates.

L'année suivante, le gouvernement français forma le projet de prendre et de détruire les établissements des Anglais dans la baie d'Hudson. La Pérouse parut propre à remplir cette mission pénible dans des mers difficiles : il reçut ordre de partir du cap Français, le 31 mai 1782. Il commandait *le Sceptre*, de soixante-quatorze canons, et il était suivi des frégates *l'Astrée* et *l'Engageante*, de trente-six canons chacune, commandées par les capitaines de Langle et La Jaille; il avait à bord de ces bâtiments deux cent cinquante hommes d'infanterie, quarante hommes d'artillerie, quatre canons de campagne, deux mortiers et trois cents bombes.

Le 17 juillet, il eut connaissance de l'île de la Résolution ; mais à peine eut-il fait vingt-cinq lieues dans le détroit d'Hudson, que ses vaisseaux se trouvèrent engagés dans les glaces, où ils furent considérablement endommagés.

Le 30, après avoir constamment lutté contre des obstacles de toute espèce, il vit le cap Walsingham, situé à la partie la plus occidentale du détroit. Pour arriver promptement au fort du Prince-de-Gales ; qu'il se proposait d'attaquer d'abord, il n'avait pas un instant à perdre, la rigueur de la saison obligeant tous les vaisseaux d'abandonner cette mer dans les premiers jours de septembre ; mais, dès qu'il fut entré dans la baie d'Hudson, les brumes l'enveloppèrent, et le 5 août, à la première éclaircie, il se vit environné de glaces à perte de vue, ce qui le força de mettre à la cape. Cependant il triompha de ces obstacles, et le 8 au soir, ayant découvert le pavillon du fort du Prince-de-Gales, les bâtiments français s'en approchèrent en sondant jusqu'à une lieue et demie, et y mouillèrent.

Un officier envoyé pour reconnaître les approches du fort rapporta que les bâtiments pouvaient s'embosser à très peu de distance. La Pérouse, ne doutant pas que *le Sceptre* seul ne pût facilement réduire les ennemis s'ils résistaient, fit ses préparatifs pour effectuer une descente pendant la nuit. Quoique contrariées par la marée et l'obscurité, les chaloupes abordèrent sans obstacle à trois quarts de lieue du fort. La Pérouse, ne voyant aucune disposition défensive, quoique le fort parût en état de faire une vigoureuse résistance, fit sommer l'ennemi : les portes furent ouvertes, et le gouverneur et la garnison se rendirent à discrétion.

Cette partie de ses ordres exécutée, il mit, le 11 août, à la voile, pour se rendre au fort d'York ; il éprouva, pour y parvenir, des difficultés plus grandes encore que celles qu'il avait rencontrées précédemment ; il naviguait par six ou sept brasses, sur une côte parsemée d'écueils. Après avoir couru les plus grands risques, *le Sceptre* et les deux frégates découvrirent l'entrée de la rivière de Nelson, et mouillèrent, le 20 août, à environ cinq lieues de terre.

La Pérouse avait pris trois bateaux pontés au fort du Prince-de-Gales : il les envoya, avec le canot du *Sceptre*, prendre connaissance de la rivière des Hayes, près de laquelle est le fort d'York.

Le 21 août, les troupes s'embarquèrent dans les chaloupes, et La Pérouse, n'ayant rien à craindre, par mer, des ennemis, crut devoir présider au débarquement.

L'île des Hayes, où est le fort d'York, est située à l'embouchure d'une grande rivière qu'elle divise en deux branches : celle qui passe devant le fort s'appelle la rivière des Hayes, et l'autre la rivière de Nelson. Le commandant français savait que tous les moyens de défense étaient établis sur la première; il y avait, de plus, un vaisseau de la Compagnie d'Hudson, portant vingt-cinq canons de neuf, mouillé à son embouchure. Il se décida à pénétrer par la rivière Nelson, quoique ses troupes eussent à faire de ce côté une marche d'environ quatre lieues; mais il y gagnait l'avantage de rendre inutiles les batteries placées sur la rivière des Hayes.

On arriva, le 21 au soir, à l'embouchure de la rivière Nelson, avec deux cent cinquante hommes de troupes, des mortiers, des canons, et des vivres pour huit jours, afin de ne pas avoir besoin de recourir aux vaisseaux, avec lesquels il était très difficile de communiquer. La Pérouse donna ordre aux chaloupes de mouiller par trois brasses à l'entrée de la rivière, et il s'avança dans son canot avec son second de Langle, le commandant des troupes de débarquement Rostaing, et le capitaine de génie Monneron, pour sonder la rivière et en visiter les bords, où il craignait que les ennemis n'eussent préparé quelques moyens de défense.

Cette opération prouva que la rive était inabordable; les plus petits canots ne pouvaient approcher qu'à environ 50 mètres, et le fond qui restait à parcourir était de vase molle. Il jugea donc à propos d'attendre le jour et de rester à l'ancre; mais la marée perdant beaucoup plus qu'on ne l'avait présumé, les chaloupes restèrent à sec à trois heures du matin.

Irritées par cet obstacle, bien loin d'en être découragées, toutes les troupes débarquèrent, et après avoir fait un quart de lieue dans la boue jusqu'à mi-jambe, elles arrivèrent enfin sur le pré, où elles se rangèrent en bataille. De là elles marchèrent vers un bois, où l'on comptait trouver un sentier sec qui conduirait au fort. On n'en découvrit aucun, et toute la journée fut employée à la recherche de chemins qui n'existaient point.

La Pérouse ordonna au capitaine du génie Monneron d'en tracer un à la boussole au milieu du bois. Ce travail extrêmement pénible exécuté, servit à faire connaître qu'il y avait deux lieues de marais à traverser, pendant lesquelles on enfoncerait souvent dans la vase jusqu'aux genoux. Un coup de vent qui survint dans la nuit força La Pérouse inquiet à rejoindre ses bâtiments. Il se rendit sur le rivage ; mais, la tempête continuant, il ne put s'embarquer. Il profita d'un intervalle, et parvint le lendemain à son bord, une heure avant un second coup de vent. Un officier parti en même temps que lui fit naufrage : il eut, ainsi que les gens de son équipage, le bonheur de gagner la terre ; mais ils ne purent revenir à bord qu'au bout de trois jours, épuisés de fatigue et mourant de faim.

Cependant les troupes arrivèrent devant le fort le 24 au matin, après une marche des plus pénibles,

et il fut rendu à la première sommation. La Pérouse
le fit détruire, et donna l'ordre aux troupes de se
rembarquer aussitôt.

Cet ordre fut contrarié par un nouveau coup de
vent, qui fit courir les plus grands dangers aux
vaisseaux. Enfin le beau temps revint, et les troupes
se rembarquèrent. La Pérouse, ayant à bord les gou-
verneurs des forts du Prince-de-Gales et d'York, mit
à la voile pour s'éloigner de ces parages livrés aux
glaces et aux tempêtes, où des succès militaires
obtenus sans éprouver la moindre résistance avaient
été précédés de tant de peines, de périls et de
fatigues.

Si La Pérouse, comme militaire, fut obligé, pour
se conformer à des ordres rigoureux, de détruire des
possessions alors ennemies, il n'oublia pas en même
temps les égards qu'on doit au malheur. Ayant su qu'à
son approche des Anglais avaient fui dans les bois,
et que son départ, vu la destruction les établissements,
les exposait à mourir de faim et à tomber sans défense
entre les mains des sauvages, il eut l'humanité de
leur laisser des vivres et des armes.

Est-il à ce sujet un éloge plus flatteur que cet aveu
sincère d'un marin anglais, dans sa relation d'un
voyage à Botany-Bay? « On doit se rappeler avec
reconnaissance, en Angleterre surtout, cet homme
humain et généreux, pour la conduite qu'il a tenue
lorsque l'ordre fut donné de détruire notre établisse-

ment de la baie d'Hudson, dans le cours de la dernière guerre. »

L'époque du rétablissement de la paix avec l'Angleterre, en 1783, termina cette campagne. L'infatigable La Pérouse ne jouit pas d'un long repos; une plus importante campagne l'attendait. Hélas! ce devait être la dernière. Il était destiné à commander l'expédition autour du monde, en 1785, dont les préparatifs se faisaient à Brest.

Jusqu'ici je n'ai considéré dans La Pérouse que le militaire et le navigateur; mais il mérite également d'être connu par ses qualités personnelles, car il n'était pas moins propre à se concilier les hommes de tous les pays, ou à s'en faire respecter, qu'à prévoir et à vaincre les obstacles qu'il est donné à la sagesse humaine de surmonter.

Réunissant à la vivacité des habitants des pays méridionaux un esprit agréable et un caractère égal, sa douceur et son aimable gaîté le firent toujours rechercher avec empressement. D'un autre côté, mûri par un longue expérience, il joignait à une prudence rare cette fermeté de caractère qui est le partage d'une âme forte, et qui, augmentée par le genre de vie pénible des marins, le rendait capable de tenter et de conduire avec succès les plus grandes entreprises.

D'après la réunion de ces diverses qualités, le lecteur, témoin de sa patience rigoureuse dans les travaux commandés par les circonstances, des con-

seils sévères que sa prévoyance lui dictait, des
mesures de précaution qu'il prenait avec les peuples,
sera peu étonné de la conduite bienfaisante et modérée
autant que circonspecte de La Pérouse à leur égard,
de la confiance, quelquefois même de la déférence
qu'il témoignait à ses officiers, et de ses soins pater-
nels envers ses équipages. Rien de ce qui pouvait les
intéresser, soit en prévenant leurs peines, soit en
procurant leur bien-être, n'échappait à sa surveillance, à sa sollicitude. Ne voulant pas faire d'une
entreprise scientifique une spéculation mercantile, et
laissant tout entier le bénéfice des objets de traite au
profit des seuls matelots de l'équipage, il se réservait
pour lui la satisfaction d'avoir été utile à sa patrie et
aux sciences. Secondé parfaitement dans ses soins
pour le maintien de leur santé, aucun navigateur
n'a fait une campagne aussi longue, n'a parcouru un
développement de route si étendu, en changeant
sans cesse de climat, avec des équipages aussi sains,
puisque, à leur arrivée à la Nouvelle-Hollande, après
trente mois de campagne et plus de seize mille lieues
de route, ils étaient aussi bien portants qu'à leur
départ de Brest.

Maître de lui-même, ne se laissant jamais aller
aux premières impressions, il fut à portée de pra-
tiquer, surtout dans cette campagne, les préceptes
d'une religion amie de l'humanité; s'attachant à
suivre cet article de ses instructions, gravé dans son
cœur, qui lui ordonnait d'éviter de répandre une

seule goutte de sang, l'ayant suivi constamment dans un aussi long voyage, avec un succès dû à ses principes ; et, lorsque attaqué par une horde barbare de sauvages, il eut perdu son second, un naturaliste et dix hommes des deux équipages, malgré les moyens puissants de vengeance qu'il avait entre les mains, et tant de motifs pour en user, contenant la fureur des équipages, et craignant de frapper une seule victime innocente parmi des milliers de coupables.

Equitable et modeste autant qu'éclairé, on verra avec quel respect il parlait de l'immortel Cook, et comme il cherchait à rendre justice aux grands hommes qui avaient parcouru la même carrière.

Egalement juste envers tous, La Pérouse, dans son journal et sa correspondance, dispense avec équité les éloges auxquels ont droit ses coopérateurs. Il cite aussi les étrangers, qui, dans les différentes parties du monde, l'ont bien accueilli, et lui ont procuré des secours. A son tour, justement apprécié par les marins anglais qui avaient eu occasion de le connaitre, il a reçu dans leurs écrits un témoignage d'estime non équivoque.

La Pérouse, d'après ses dernières lettres de Botany-Bay, devait être rendu à l'île de France en 1788. Les deux années suivantes s'étant écoulées, les événements importants qui occupaient et fixaient l'attention de la France entière ne purent la détourner du sort qui semblait menacer nos navigateurs. Les premières réclamations à cet égard, les premiers

accents de la crainte et de la douleur, se firent
entendre à la barre de l'assemblée nationale,
par l'organe des membres de la Société d'histoire
naturelle.

La demande de la Société d'histoire naturelle,
accueillie avec le plus vif intérêt, fut suivie de près
par la loi qui ordonna l'armement de deux frégates
pour aller à la recherche de La Pérouse.

A peine ces navires furent-ils partis, que le bruit
se répandit qu'un capitaine hollandais, passant
devant les îles de l'Amirauté, à l'ouest de la Nouvelle-
Irlande, avait aperçu une pirogue montée par des
naturels qui lui avaient paru revêtus d'uniformes de
la marine française.

Le général d'Entrecasteaux, qui commandait la
nouvelle expédition, ayant relâché au cap de Bonne-
Espérance, eut connaissance de ce rapport. Malgré
son peu d'authenticité et de vraisemblance, il n'hésita
pas un seul instant; il changea son projet de route
pour voler au lieu indiqué. Son empressement n'ayant
eu aucun succès, il commença sa recherche dans
l'ordre prescrit par ses instructions, et il l'acheva
sans pouvoir obtenir le moindre renseignement ni
acquérir la moindre probabilité sur le sort de notre
infortuné navigateur.

On a diversement raisonné en France sur la cause
de sa perte. Les uns ignorant la route qui lui restait à
parcourir depuis Botany-Bay, et qui est tracée dans
sa dernière lettre, ont avancé que ses vaisseaux

avaient été pris dans les glaces, et que La Pérouse et tous ses compagnons avaient péri de la mort la plus horrible ; d'autres ont assuré que, devant arriver à l'île de France vers la fin de 1788, il avait été victime du violent ouragan qui devint si funeste à la frégate *la Vénus*, dont on n'a plus entendu parler, et qui avait entièrement démâté la frégate *la Résolution*.

Quoiqu'on ne puisse combattre l'assertion de ces derniers, on ne doit pas non plus l'admettre sans preuve. Si elle n'est point la vraie, La Pérouse, a dû probablement périr, par un mauvais temps, sur les nombreux récifs dont les archipels qu'il avait encore à explorer sont parsemés. La manière dont les deux frégates ont toujours navigué, à la portée de la voix, aura rendu commun à toutes deux le même écueil ; elles auront éprouvé le malheur dont elles avaient été si près le 6 novembre 1786, et auront été englouties sans pouvoir aborder à aucune terre.

DÉPART DE LA PÉROUSE

1785.

Objet et préparatifs et l'expédition.

L'objet principal de la guerre de 1778 était d'assurer la tranquillité des mers : il fut rempli par la paix de 1783. Ce même esprit de justice qui avait fait prendre les armes pour que les pavillons des nations les plus faibles sur mer y fussent respectés à l'égal de ceux de France et d'Angleterre devait, pendant la paix, se porter vers ce qui peut contribuer au plus grand bien-être de tous les hommes. Les sciences, en adoucissant les mœurs, ont peut-être plus que les bonnes lois contribué au bonheur de la société.

Les voyages de divers navigateurs anglais, en étendant nos connaissances, avaient mérité la juste admiration du monde entier; l'Europe avait apprécié les talents et le grand caractère du capitaine Cook. Mais dans un aussi vaste champ il restera pendant bien des siècles de nouvelles

connaissances à acquérir, des côtes à relever; des plantes,
des arbres, des poissons, des oiseaux à décrire; des minéraux, des volcans à observer; des peuples à étudier, et
peut-être à rendre plus heureux : car enfin, une plante
farineuse, un fruit de plus, sont des bienfaits inestimables
pour les habitants des îles de la mer du Sud.

Ces différentes réflexions firent adopter le projet d'un
voyage autour du monde. Des savants de tous les genres
furent employés dans cette expédition.

M. le maréchal de Castries, ministre de la marine, dit
La Pérouse, qui m'avait désigné au roi pour le commandement
de cette expédition, avait donné les ordres les plus formels
dans les ports pour que tout ce qui pouvait contribuer au
succès, nous fût accordé. M. d'Hector, lieutenant-général
commandant la marine à Brest, répondit à ses vues, et suivit
le détail de mon armement comme s'il avait dû commander
lui-même. J'avais eu le choix de tous les officiers. Je dé-
signai pour le commandant de *l'Astrolabe*, M. de Langle,
capitaine de vaisseau, qui montait *l'Astrée* dans mon expédition de la baie d'Hudson, et qui m'avait, dans cette
occasion, donné les plus grandes preuves de talent et de
caractère. Cent officiers se proposèrent à M. de Langle et à
moi pour faire cette campagne; tous ceux dont nous fîmes
choix étaient distingués par leurs connaissances.

Enfin, le 26 juin 1785, mes instructions me furent
remises. Je partis le 1er juillet pour Brest, où j'arrivai le 4.
Je trouvai l'armement des deux frégates très avancé. On
avait suspendu l'embarquement de différents effets, parce
qu'il me fallait opter entre quelques articles propres aux
échanges avec les sauvages, ou des vivres, dont j'aurais bien
voulu me pourvoir pour plusieurs années. Je donnai la

préférence aux effets de traite, en songeant qu'ils pourraient nous procurer des commestiblĕs frais, et qu'à cette époque ceux que nous aurions à bord seraient presque entièrement altérés.

Nous avions en outre à bord un bot ponté, en pièces, d'environ vingt tonneaux, deux chaloupes biscaïennes, un grand mât, une mèche de gouvernail, un cabestan ; enfin, ma frégate contenait une incroyab'e quantité d'effets. M. de Clonard, mon second, l'avait arrimée avec zèle et intelligence. *L'Astrolabe* avait embarqué exactement les mêmes articles. Nous fûmes en rade le 11. Nos bâtiments étaient tellement encombrés, qu'il était impossible de virer au cabestan ; mais nous partions dans la belle saison, et nous avions l'espoir d'arriver à Madère sans essuyer de mauvais temps.

Arrivée à l'île de Pâques. — Séjour dans cette île. Mœurs et usages des habitants.

Parti de Brest le 1ᵉʳ août 1785, La Pérouse, après une traversée qui n'offre rien d'intéressant, prolongea le 8 avril la côte de l'île de Pâques.

Bientôt, dit-il, nous vîmes un grand nombre d'Indiens arriver à la nage. Ils montèrent à bord avec un air riant et une sécurité qui me donnèrent la meilleure opinion de leur caractère. Ils étaient au milieu de nous, n'ayant pour vêtement qu'une espèce de pagne formé d'herbes. Leur physionomie est généralement agréable, mais très variée, et n'a point, comme celle des Malais, des Chinois, des Chiliens, un caractère qui lui soit propre.

Je fis divers présents à ces Indiens. Ils préféraient des morceaux de toile peinte, d'une demi-aune, aux clous, aux couteaux et aux rassades ; mais ils désiraient encore davantage les chapeaux. Nous en avions une trop petite quantité pour en donner à plusieurs. A huit heures du soir je pris congé de mes nouveaux hôtes, leur faisant entendre par signes qu'à la pointe du jour je descendrais à terre. Ils s'embarquèrent dans le canot en dansant, et ils se jetèrent à la mer à deux portées de fusil du rivage, sur lequel la lame brisait avec force. Ils avaient eu la précaution de faire de petits paquets de mes présents, et chacun avait posé le sien sur sa tête pour le garantir de l'eau.

A la pointe du jour, je fis tout disposer pour notre descente à terre. Je devais me flatter d'y trouver des amis, puisque j'avais comblé de présents tous ceux qui étaient venus à bord la veille ; mais j'avais trop médité les relations des différents voyageurs pour ne pas savoir que ces Indiens sont de grands enfants, dont la vue de nos différents meubles excite si fort les désirs, qu'ils mettent tout en usage pour s'en emparer. Je crus donc qu'il fallait les retenir par la crainte, et j'ordonnai qu'on mît à cette descente un petit appareil guerrier. Nous la fîmes en effet avec quatre canots et douze soldats armés. M. de Langle et moi nous étions suivis de tous les passagers et officiers, à l'exception de ceux qui étaient nécessaires à bord des deux frégates pour le service ; nous composions, en y comprenant l'équipage de nos bâtiments à rames, environ soixante-dix personnes.

Quatre ou cinq cents Indiens nous attendaient sur le rivage. Ils étaient sans armes, quelques-uns couverts de pièces d'étoffes blanches ou jaunes. Plusieurs étaient tatoués et avaient le visage peint d'une couleur rouge. Leurs cris et leur physionomie exprimaient la joie. Ils s'avancèrent pour nous donner la main et faciliter notre descente.

Notre premier soin, après avoir débarqué, fut de former une enceinte avec des soldats armés, rangés en cercle. Nous enjoignîmes aux habitants de laisser cet espace vide; nous y dressâmes une tente. Je fis descendre à terre les présents que je leur destinais, ainsi que les différents bestiaux. Mais, comme j'avais expressément défendu de tirer, et que mes ordres portaient de ne pas même éloigner à coups de crosse de fusil les Indiens qui seraient trop incommodes, bientôt les soldats furent eux-mêmes exposés à la rapacité de ces insulaires, dont le nombre s'était accru. Ils étaient au moins huit cents, et dans ce nombre il y avait bien certaine-ment cent cinquante femmes.

Tous paraissaient complices des vols qu'on nous faisait, car à peine étaient-ils commis, que, comme une volée d'oiseaux, ils s'enfuyaient au même instant; mais voyant que nous ne faisions aucun usage de nos fusils, ils reve-naient quelques minutes après pour faire un nouveau larcin; ce manége dura toute la matinée.

Comme nous devions partir dans la nuit, et qu'un si court espace de temps ne nous permettait pas de nous occuper de leur éducation, nous prîmes le parti de nous amuser des ruses que ces insulaires employaient pour voler, et afin d'ôter tout prétexte à aucune voie de fait, qui aurait pu avoir des suites funestes, j'annonçai que je ferais rendre aux soldats et aux matelots les chapeaux qui seraient enlevés. Ces Indiens étaient sans armes. Trois ou quatre, sur un si grand nombre, avaient une espèce de massue de bois très peu redoutable. Quelques-uns paraissaient avoir une légère autorité sur les autres. Je les pris pour des chefs, et leur distribuai des médailles, que j'attachai à leur cou avec une chaîne ; mais je m'aperçus bientôt qu'ils étaient les plus insignes voleurs, et quoiqu'ils eussent l'air de poursuivre ceux qui enlevaient nos mouchoirs, il était facile de voir que c'était avec l'intention la plus décidée de ne pas les rejoindre.

Nous n'avions que huit ou dix heures à rester sur l'île, et nous ne voulions pas perdre ce temps. Je confiai donc la garde de la tente et de tous nos effets à M. d'Escures, mon premier lieutenant ; je le chargeai en outre du commandement de tous les soldats et matelots qui étaient à terre. Nous nous divisâmes ensuite en deux troupes ; la première aux ordres de M. de Langle, devait pénétrer le plus possible dans l'intérieur de l'île, semer des graines dans tous les lieux qui paraîtraient susceptibles de les propager, examiner le sol, les plantes, la culture, la population, les monuments, et généralement tout ce qui peut intéresser chez ce peuple très extraordinaire ; la seconde dont je faisais partie, se contenta de visiter les monuments, les plates-formes, les maisons et les plantations à une lieue autour de notre établissement.

M. Forster croit que ces monuments sont l'ouvrage d'un peuple beaucoup plus considérable que celui qui existe aujourd'hui, mais son opinion ne me paraît pas fondée.

Le plus grand des bustes grossiers qui sont sur ces plates-
formes, et que nous avons mesurés, n'a que 5 mètres de
hauteur, 2 mètres de largeur et 1 mètre 33 centimètres
d'épaisseur à la base. Ces bustes pourraient être l'ouvrage
de la génération actuelle, dont je crois pouvoir, sans
aucune exagération, porter la population à deux mille personnes. Le nombre des femmes m'a paru fort approchant
de celui des hommes ; j'ai vu autant d'enfants que dans
aucun autre pays, et quoique, sur environ douze cents
habitants que notre arrivée à rassemblés autour de la baie,
il y eût au plus trois cents femmes, je n'en ai tiré d'autre
conjecture que celle de supposer que les insulaires de l'extrémité de l'île étaient venus voir nos vaisseaux, et que les
femmes, ou plus délicates, ou plus occupées de leur ménage
et de leurs enfants, étaient restées dans leurs maisons, en
sorte que nous n'avons vu que celles qui habitent dans le
voisinage de la baie.

La relation de M. de Langle confirme cette opinion ; il a
rencontré dans l'intérieur de l'île, beaucoup de femmes et
d'enfants, et nous sommes tous entrés dans ces cavernes où
M. Forster et quelques officiers du capitaine Cook crurent
d'abord que les femmes pouvaient être cachées. Ce sont des
maisons souterraines, de même forme que celle que je
décrirai tout à l'heure, et dans lesquelles, nous avons
trouvé de petits fagots dont le plus gros morceau n'avait
pas cinq pieds de longueur et n'excédait pas 16 centimètres
de diamètre. On ne peut cependant révoquer en doute que
les habitants n'eussent caché leurs femmes lorsque le capitaine Cook les visita ; mais il m'est impossible d'en deviner
la raison, et nous devons peut-être à la manière généreuse dont il se conduisit envers ce peuple la confiance

qu'il nous a montrée, et qui nous a mis à portée de mieux juger de sa population.

Tous les monuments qui existent aujourd'hui paraissent très anciens ; ils sont placés dans des moraïs, autant qu'on peut en juger par la grande quantité d'ossements qu'on trouve à côté. On ne peut douter que la forme de leur gouvernement actuel n'ait tellement égalisé les conditions, qu'il n'existe plus de chef assez considérable pour qu'un grand nombre d'hommes s'occupent du soin de conserver sa mémoire en lui érigeant une statue. On a substitué à ces colosses de petits morceaux de pierres en pyramides ; celle du sommet est blanchie d'une eau de chaux. Ces espèces de mausolées, qui sont l'ouvrage d'une heure pour un seul homme, sont empilés sur le bord de la mer, et un Indien en se couchant à terre, nous a désigné que ces pierres couvraient un tombeau ; levant ensuite les mains vers le ciel, il voulait évidemment exprimer qu'ils croyaient à une autre vie. J'étais fort en garde contre cette opinion, et j'avoue que je les croyais très éloignés de cette idée ; mais ayant vu répéter ce signe à plusieurs, et M. de Langle, qui a voyagé dans l'intérieur de l'île, m'ayant rapporté le même fait, je n'ai plus eu de doute là-dessus, et je crois que tous nos officiers et passagers ont partagé cette opinion. Nous n'avons vu cependant la trace d'aucun culte, car je ne crois pas que personne puisse prendre les statues pour des idoles, quoique ces Indiens aient montré une espèce de vénération pour elles.

Je ne puis que hasarder des conjectures sur les mœurs de ce peuple, dont je n'entendais pas la langue, et que je n'ai vu qu'un jour ; mais j'avais l'expérience des voyageurs qui m'avaient précédé; je connaissais parfaitement leurs relations, et je pouvais y joindre mes propres réflexions.

La dixième partie de la terre y est à peine cultivée, et je suis persuadé que trois jours de travail suffisent à chaque Indien pour se procurer la subsistance d'une année. Cette facilité de pourvoir aux besoins de la vie m'a fait croire que les productions de la terre étaient en commun, d'autant que je suis à peu près certain que les maisons sont communes au moins à tout un village ou district. J'ai mesuré une de ces maisons auprès de notre établissement : elle avait 170 mètres de longueur, 1 mètre 33 centimètres de largeur, et 1 mètre 33 centimètres de hauteur au milieu. Sa forme était celle d'une pirogue renversée ; on n'y pouvait entrer que par deux portes de 67 centimètres d'élévation, et en se glissant sur les mains. Cette maison peut contenir plus de deux cents personnes. Ce n'est pas la demeure du chef, puisqu'il n'y a aucun meuble, et qu'un aussi grand espace lui serait inutile. Elle forme à elle seule un village avec deux ou trois autres petites maisons peu éloignées.

Il y a vraisemblablement dans chaque district un chef qui veille plus particulièrement aux plantations. Le capitaine Cook a cru que ce chef en était le propriétaire ; mais si ce célèbre navigateur a eu quelque peine à se procurer une quantité considérable de patates et d'ignames, on doit moins l'attribuer à la disette de ces comestibles qu'à la nécessité de réunir un consentement presque général pour les vendre.

Quelques maisons sont souterraines, comme je l'ai déjà dit ; mais les autres sont construites avec des joncs, ce qui prouve qu'il y a dans l'intérieur de l'île des endroits marécageux. Ces joncs sont très artistement arrangés, et garantissent parfaitement de la pluie. L'édifice est porté sur un socle de pierres de taille de 50 centimètres d'épaisseur, dans lequel on a creusé à distances égales des trous où entrent des perches qui forment la charpente en se repliant en voûte ; des paillassons de jonc garnissent l'espace qui est entre ces perches.

On ne peut douter, comme le fait observer le capitaine Cook, de l'identité de ce peuple avec celui des autres îles de la mer du Sud : même langage, même physionomie : leurs étoffes sont aussi fabriquées avec l'écorce du mûrier, mais elles sont très rares, parce que la sécheresse a détruit ces arbres.

A une heure après-midi je revins à la tente dans le dessein de retourner à bord, afin que M. de Clonard, mon second, pût à son tour descendre à terre. J'y trouvai presque tout le monde sans chapeau et sans mouchoir. Notre douceur avait enhardi les voleurs, et je n'avais pas été distingué des autres. Un Indien qui m'avait aidé à descendre d'une plate-forme, après m'avoir rendu ce service, m'enleva mon chapeau et s'enfuit à toutes jambes, suivi, comme à l'ordinaire, de tous les autres. Je ne le fis pas poursuivre, et ne voulus pas avoir le droit exclusif d'être garanti du soleil, vu que nous étions presque tous sans chapeau. Je continuai à examiner cette plate-forme. C'est le monument qui m'a donné la plus haute opinion des anciens talents de ce peuple pour la bâtisse, car le mot pompeux d'architecture ne convient point ici, mais il coupait et taillait parfaitement les pierres : elles étaient placées et jointes suivant toutes les règles de l'art.

A deux heures je revins à bord, et M. de Clonard descendit à terre. Bientôt deux officiers de *l'Astrolabe* arrivèrent pour me rendre compte que les Indiens venaient de commettre un vol nouveau, qui avait occasionné une rixe un peu forte. Des plongeurs avaient coupé sous l'eau le câblot du canot de *l'Astrolabe*, et avaient enlevé son grapin. On ne s'en était aperçu que lorsque les voleurs furent assez loin dans l'intérieur de l'île. Comme ce grapin nous était nécessaire, deux officiers et plusieurs soldats les poursuivirent; mais ils furent accablés d'une grêle de pierres. Un coup de fusil à poudre tiré en l'air ne fit aucun effet. Ils furent enfin contraints de tirer un coup de fusil à petit plomb, dont quelques-uns atteignirent sans doute un de ces Indiens, car la lapidation cessa, et nos officiers purent regagner notre tente; mais il fut impossible de rejoindre les voleurs, qui durent rester étonnés de n'avoir pu lasser notre patience.

Ils revinrent bientôt autour de notre établissement; j'eus l'air d'oublier ce dernier vol, et nous fûmes aussi bons amis qu'à notre première entrevue. Enfin, à six heures du soir tout fut rembarqué; les canots revinrent à bord, et je fis le signal de se préparer à appareiller. M. de Langle me rendit compte, avant notre appareillage, de son voyage dans l'intérieur de l'île, et partout il avait été bien accueilli. Il avait semé des graines sur toute la route, et il avait donné à ces insulaires les marques de la plus extrême bienveillance. Je crois cependant achever leur portrait en rapportant qu'une espèce de chef auquel M. de Langle faisait présent d'un bouc et d'une chèvre les recevait d'une main et lui volait son mouchoir de l'autre.

Il est certain que ces peuples n'ont pas sur le vol les mêmes idées que nous; ils n'y attachent vraisemblablement aucune honte, mais ils savent très bien qu'ils commettent une action injuste, puisqu'ils prenaient la fuite à l'instant pour éviter le châtiment qu'ils craignaient sans doute, et que nous n'aurions pas manqué de leur infliger, en le proportionnant au délit, si nous n'eussions eu quelque séjour à faire dans cette île, car notre extrême douceur aurait fini par avoir des suites fâcheuses.

Il n'y a personne qui ayant lu les relations des derniers voyageurs, puisse prendre les Indiens de la mer du Sud pour des sauvages. Ils ont au contraire fait de très grands progrès dans la civilisation, et je les crois aussi corrompus qu'ils peuvent l'être relativement aux circonstances où ils se trouvent. Mon opinion là-dessus n'est pas fondée sur les différents vols qu'ils ont commis, mais sur la manière dont ils s'y prenaient. Les plus effrontés coquins de l'Europe sont moins hypocrites que ces insulaires; toutes leurs caresses étaient feintes, leur physionomie n'exprimait pas un seul sentiment vrai; celui dont il fallait le plus se défier était l'Indien auquel on venait de faire un présent, et qui paraissait le plus empressé à rendre mille petits services.

Les pirogues ne sont composées que de bouts de planches fort étroites, de 1 mètre 33 centimètres à 1 mètre 66 centimètres de longueur, et elles peuvent porter quatre hommes au plus. Je n'en ai vu que trois dans cette partie de l'île, et je serais peu surpris que bientôt, faute de bois, il n'y en restât pas une seule. Ils ont d'ailleurs appris à s'en passer, et ils nagent si parfaitement, qu'avec la plus grosse mer ils vont à deux lieues au large, et cherchent par plaisir, en retournant à terre, l'endroit où la lame brise avec le plus de force.

Départ de l'île de Pâques. — Arrivée aux îles Sandwich.

En partant de la baie de Cook, dans l'île de Pâques, le 10 avril 1786, je fis route pour les îles Sandwich. Le 28 au matin j'eus connaissance des montagnes de l'île d'Owyhée, qui étaient couvertes de neige, et bientôt après, de celles de Mowée, un peu moins élevées que celles de l'autre île.

L'aspect de l'île de Mowée était ravissant; j'en prolongeai la côte à une lieue. Elle court dans le canal au sud-ouest-quart-ouest .Nous voyions l'eau se précipiter en cascades de la cime des montagnes, et descendre à la mer après avoir arrosé les habitations des Indiens. Elles sont si multipliées, qu'on pourrait prendre un espace de trois à quatre lieues pour un seul village; mais toutes les cases sont sur le bord de la mer, et les montagnes en sont si rapprochées, que le terrain habitable m'a paru avoir moins d'une demi-lieue de profondeur. Il faut être marin et réduit comme nous, dans ces climats brûlants, à une bouteille d'eau par jour, pour se faire une idée des sensations que nous éprouvions. Les arbres qui couronnaient les montagnes, la verdure, les bananiers qu'on apercevait autour des habitations, tout produisait sur nos sens un charme inexprimable; mais la mer brisait sur la côte avec la plus grande force, et, nou-

veaux Tantales, nous étions réduits à désirer et à dévorer des yeux ce qu'il nous était impossible d'atteindre.

La brise avait forcé et nous faisions deux lieues par heure. Je voulais terminer avant la nuit le développement de cette partie de l'île jusqu'à celle de Morokinne, auprès de laquelle je me flattais de trouver un mouillage à l'abri des vents alisés. Ce plan, dicté par les circonstances impérieuses où je me trouvais, ne me permit pas de diminuer de voiles pour attendre environ cent cinquante pirogues qui se détachèrent de la côte. Elles étaient chargées de fruits et de cochons, que les Indiens nous proposaient d'échanger contre des morceaux de fer.

Presque toutes les pirogues abordèrent l'une des deux frégates; mais notre vitesse était si grande, qu'elles se remplissaient d'eau le long du bord. Les Indiens étaient obligés de larguer la corde que nous leur avions filée. Ils se jetaient à la nage; ils couraient d'abord après leurs cochons, et les rapportant dans leurs bras, ils soulevaient avec leurs épaules leurs pirogues en vidant l'eau, et y remontaient gaîment, cherchant, à force de pagaies, à regagner auprès de nos frégates le poste qu'ils avaient été obligés d'abandonner, et qui avait été dans l'instant occupé par d'autres, auquel le même accident était aussi arrivé. Nous vîmes ainsi renverser successivement plus de quarante pirogues, et, quoique le commerce que nous faisions avec ces bons Indiens convînt infiniment aux uns et aux autres, il nous fut impossible de nous procurer plus de quinze cochons et quelques fruits, et nous manquâmes l'occasion de traiter de près de trois cents autres.

Les pirogues étaient à balancier. Chacune avait de trois à cinq hommes. Les moyennes pouvaient avoir 8 mètres de longueur, 33 centimètres de largeur, et à peu près autant de profondeur. Nous en pesâmes une de cette dimension, dont le poids n'excédait pas cinquante livres. C'est avec ces frêles bâtiments que les habitants de ces îles font des trajets de soixante lieues, traversant des canaux qui ont vingt lieues de largeur, comme celui entre Atooi et Wohaou, où la mer est fort grosse ; mais ils sont si bons nageurs, qu'on ne peut leur comparer que les phoques et les loups marins.

A mesure que nous avancions, les montagnes semblaient s'éloigner vers l'intérieur de l'île, qui se montrait à nous sous la forme d'un amphithéâtre assez vaste, mais d'un vert jaune. On n'apercevait plus de cascades ; les arbres étaient beaucoup moins rapprochés dans la plaine. Les villages étaient composés de dix à douze cabanes seulement, très éloignées les unes des autres. A chaque instant nous avions un juste sujet de regretter le pays que nous laissions derrière nous, et nous ne trouvâmes un abri que lorsque nous eûmes sous les yeux un rivage affreux où la lave avait autrefois coulé comme les cascades coulent aujourd'hui dans l'autre partie de l'île.

Les Indiens des villages de cette partie de l'île s'empressèrent de venir à bord dans leurs pirogues, apportant, pour commercer avec nous, quelques cochons, des patates, des bananes, des racines de pied de veau, que les Indiens nomment *taro*, avec des étoffes et quelques autres curiosités faisant partie de leur costume. Je ne voulus leur permettre de monter à bord que lorsque la frégate fut mouillée et que les voiles furent serrées. Je leur dis que j'étais *tabou*, et ce mot, que je connaissais d'après les relations anglaises, eut tout le succès que j'en attendais. M. de Langle, qui n'avait pas pris la même précaution, eut un instant le pont de sa frégate très embarrassé par une multitude de ces Indiens; mais ils étaient si dociles, ils craignaient si fort de nous offenser, qu'il était extrêmement aisé de les faire rentrer dans leurs pirogues. Lorsque je leur eus permis de monter sur ma frégate, ils n'y faisaient pas un pas sans notre agrément; ils avaient toujours l'air de craindre de nous déplaire. La plus grande fidélité régnait dans leur commerce. Nos morceaux de vieux cercles de fer excitaient infiniment leurs désirs. Ils ne manquaient pas d'adresse pour s'en procurer en faisant bien leurs marchés. Jamais ils n'auraient vendu en bloc une quantité d'étoffes ou plusieurs cochons : ils savaient très bien qu'il y aurait plus de profit pour eux à convenir d'un prix particulier pour chaque article.

Il était si tard lorsque nos voiles furent serrées, que je fus obligé de remettre au lendemain la descente que je me proposais de faire sur cette île, où rien ne pouvait me retenir qu'une aiguade facile; mais nous nous apercevions déjà que cette partie de la côte était absolument privée d'eau courante, la pente des montagnes ayant dirigé la chute de toutes les pluies vers le côté du vent. Peut-être un travail de quelques journées sur la cime des montagnes suffirait pour rendre commun à toute l'île un bien si précieux; mais ces Indiens ne sont pas encore parvenus à ce degré d'industrie : ils sont cependant très avancés à beaucoup d'autres égards.

Le 30 mai, à huit heures du matin, quatre canots des deux frégates étaient prêts à partir : les deux premiers portaient vingt soldats armés, commandés par M. de Pierrevert, lieutenant de vaisseau; M. de Langle et moi, suivis de tous

les passagers et des officiers qui n'avaient pas été retenus à
bord par le service, étions dans les deux autres. Cet appareil
n'effraya point les naturels, qui, dès le point du jour, étaient
le long du bord dans leurs pirogues. Ces Indiens continuèrent
leur commerce; ils ne nous suivirent point à terre, et ils
conservèrent l'air de sécurité que leur visage n'avait jamais
cessé d'exprimer. Cent vingt personnes environ, hommes
ou femmes, nous attendaient sur le rivage. Les soldats
débarquèrent les premiers avec leurs officiers. Nous fixâmes
l'espace que nous voulions nous réserver. Les soldats
avaient la baïonnette au bout du fusil, et faisaient le service
avec autant d'exactitude qu'en présence de l'ennemi. Ces
formes ne produisirent aucune impression sur les habitants ;
les femmes nous témoignaient par leurs gestes qu'il n'était
aucune marque de bienveillance qu'elles ne fussent disposées
à nous donner, et les hommes, dans une attitude respec-
tueuse, cherchaient à pénétrer le motif de notre visite, afin
de prévenir nos désirs.

Des Indiens qui paraissaient avoir quelque autorité sur
les autres s'avancèrent. Ils me firent très gravement une
assez longue harangue dont je ne compris pas un mot, et
ils m'offrirent chacun en présent un cochon, que j'acceptai.
Je leur donnai, à mon tour, des médailles, des haches et
d'autres morceaux de fer, objets d'un prix inexprimable
pour eux. Mes libéralités firent un très grand effet, et je
reçus d'eux mille témoignages d'amitié.

Après avoir visité le village, j'ordonnai à six soldats,
commandés par un sergent, de nous accompagner; je laissai
les autres sur le bord de la mer, aux ordres de M. de
Pierrevert : ils étaient chargés de la garde de nos canots
dont aucun matelot n'était descendu.

Quoique les Français fussent les premiers qui, dans ces derniers temps, eussent abordé sur l'île Mowée, je ne crus pas devoir en prendre possession au nom du roi. Les usages des Européens sont, à cet égard, trop complètement ridicules.

. Nous rencontrâmes dans notre promenade quatre petits villages de dix à douze maisons. Elles sont construites et couvertes en paille, et ont la forme de celles de nos paysans les plus pauvres. Les toîts sont à deux pentes. La porte, placée dans le pignon, n'a que 1 mètre 16 centimètres d'élévation, et l'on ne peut y entrer sans être courbé; elle est fermée par une simple claie que chacun peut ouvrir. Les meubles de ces insulaires consistent dans des nattes, qui, comme nos tapis, forment un parquet très propre, et sur lequel ils couchent. Ils n'ont d'ailleurs d'autres ustensiles de cuisine que des calebasses très grosses, auxquelles ils donnent les formes qu'ils veulent lorsqu'elles sont vertes. Ils les vernissent et y tracent en noir toutes sortes de dessins. J'en ai vu aussi qui étaient collées l'une à l'autre, et qui formaient ainsi des vases très grands. Il paraît que cette colle résiste à l'humidité, et j'aurais bien désiré d'en connaître la composition. Les étoffes, qu'ils ont en très grande quantité, sont faites avec le mûrier à papier comme celle des autres insulaires; mais, quoiqu'elles soient peintes avec beaucoup plus de variété, la fabrication m'en a paru inférieure à toutes les autres. A mon retour je fus harangué par des femmes, qui m'attendaient sous des arbres; elles m'offrirent en présent plusieurs pièces d'étoffe, que je payai avec des haches et des clous.

Le lecteur ne doit pas s'attendre à trouver ici des détails sur un peuple que les relations anglaises nous ont si bien fait connaître. Ces navigateurs ont passé dans ces îles

quatre mois, et nous n'y sommes restés que quelques heures;
ils avaient de plus l'avantage d'entendre la langue du pays.
Nous devons donc nous borner à raconter notre propre
histoire.

Notre rembarquement se fit à onze heures, en très bon
ordre, sans confusion, et sans que nous eussions la moindre
plainte à former contre personne. Nous arrivâmes à bord à
midi. M. de Clonard y avait reçu un chef, et avait acheté
de lui un manteau et un beau casque recouvert de plumes
rouges; il avait aussi acheté plus de cent cochons, des
bananes, des patates, du taro, beaucoup d'étoffes, des nattes,
une pirogue à balancier, et différents autres petits meubles
en plumes et en coquilles.

Le 15 juin, à 6 heures du soir, nous étions en dehors de
toutes les iles, faisant route au nord.

Relâche à la baie des Français. — Description
de cette baie. — Mœurs et usages des habitants.

La Pérouse parvint à la fin de juin sur les côtes nord-
ouest de l'Amérique.

Le 2 juillet, dit-il, à deux heures après midi, nous eûmes
connaissance d'un enfoncement, un peu à l'est du cap
Beau-Temps, qui parut une très belle baie; je fis route

pour en approcher. Nous apercevions du bord une grande chaussée de roches, derrière laquelle la mer était très calme. Cette chaussée paraissait avoir de 600 à 800 mètres de longueur de l'est à l'ouest, et se terminait à deux encablures environ de la pointe du continent, laissant une ouverture assez large ; en sorte que la nature semblait avoir fait à l'extrémité de l'Amérique un port comme celui de Toulon, mais plus vaste dans son plan comme dans ses moyens. Ce nouveau port avait trois ou quatre lieues d'enfoncement. Je me déterminai à faire route vers la passe. Nos canots sondaient, et avaient ordre, lorsque nous approcherions des pointes, de se placer chacun sur une des extrémités, de manière que les vaisseaux n'eussent qu'à passer au milieu.

Nous aperçûmes bientôt des sauvages qui nous faisaient des signes d'amitié en étendant et faisant voltiger des manteaux blancs et différentes peaux. Plusieurs pirogues de ces Indiens pêchaient dans la baie, où l'eau était tranquille comme celle d'un bassin, tandis qu'on voyait la jetée couverte d'écume par les brisants ; mais la mer était très calme au-delà de la passe, nouvelle preuve pour nous qu'il y avait une profondeur considérable.

Ce port n'avait jamais été aperçu par aucun navigateur ; il est situé à trente-trois lieues au nord-ouest de celui de los Remedios, dernier terme des navigations espagnoles, à environ deux cent vingt-quatre lieues de Nootka, et à cent lieues de Williams-Sound. La tranquillité de l'intérieur de cette baie était bien séduisante pour nous qui étions dans l'absolue nécessité de faire et de changer presque entièrement notre arrimage, afin d'en arracher six canons placés à fond de cale, et sans lesquels il était imprudent de naviguer dans les mers de la Chine, fréquemment infestées de pirates. J'imposai à ce lieu le nom de Port-des-Français.

Pendant notre séjour forcé à l'entrée de la baie, nous fûmes sans cesse entourés de pirogues de sauvages. Ils nous proposaient en échange de notre fer, du poisson, des peaux de loutre ou d'autres animaux, ainsi que différents petits meubles de léur costume. Ils avaient l'air, à notre grand étonnement, d'être accoutumés au trafic, et ils faisaient aussi bien leur marché que les plus habiles acheteurs d'Europe. De tous les articles de commerce, ils ne désiraient ardemment que le fer; ils acceptèrent aussi quelques rassades, mais elles servaient plutôt à conclure un marché qu'à former la base de l'échange. Nous parvînmes dans la suite à leur faire recevoir des assiettes et des pots d'étain; mais ces articles n'eurent qu'un succès passager, et le fer prévalut sur tout. Ce métal ne leur était pas inconnu; ils avaient tous un poignard suspendu au cou. La forme de cet instrument ressemblait à celle du cric des Indiens; mais il n'y avait aucun rapport dans le manche, qui n'était que le prolongement de la lame, arrondie et sans tranchant. Cette arme était enfermée dans un fourreau de peau tannée, et elle paraissait être leur meuble le plus précieux. Comme nous examinions très attentivement tous ces poignards, ils nous firent signe qu'ils n'en faisaient usage que contre les ours et les autres bêtes des forêts. Quelques-uns étaient aussi en cuivre rouge, et ils ne paraissaient pas les préférer aux autres. Ce dernier métal est assez commun parmi eux; ils l'emploient plus particulièrement en colliers, bracelets et différents autres ornements; ils en arment aussi la pointe de leurs flèches.

L'or n'est pas plus désiré en Europe que le fer dans cette

partie de l'Amérique, ce qui est une nouvelle preuve de la rareté de ce métal. Chaque insulaire en possède, à la vérité, une petite quantité; mais ils en sont si avides, qu'ils emploient toutes sortes de moyens pour s'en procurer. Dès le jour de notre arrivée, nous fûmes visités par le chef du principal village. Avant de monter à bord, il parut adresser une prière au soleil; il nous fit ensuite une longue harangue qui fut terminée par des chants assez agréables, et qui ont beaucoup de rapport avec le plain-chant de nos églises. Les Indiens de sa pirogue l'accompagnaient, en répétant en chœur le même air. Après cette cérémonie, ils montèrent presque tous à bord et dansèrent pendant une heure au son de la voix, qu'ils ont très juste. Je fis à ce chef plusieurs présents, qui le rendirent tellement incommode, qu'il passait chaque jour cinq ou six heures à bord, et que j'étais obligé de les renouveler très fréquemment, ou de le voir s'en aller mécontent et menaçant, ce qui cependant n'était pas très dangereux.

Dès que nous fûmes établis derrière l'île, presque tous les sauvages de la baie s'y rendirent. Le bruit de notre arrivée se répandit bientôt aux environs; nous vîmes arriver plusieurs pirogues chargées d'une quantité très considérable de peaux de loutre, que ces Indiens échangèrent contre des haches, des herminettes et du fer en barre. Ils nous donnaient leurs saumons pour des morceaux de vieux cercles; mais bientôt ils devinrent plus difficiles, et nous ne pûmes nous procurer ce poisson qu'avec des clous ou quelques petits instruments de fer.

Dès notre arrivée à notre second mouillage, nous établîmes l'observatoire sur l'île, qui n'était distante de nos vaisseaux que d'une portée de fusil. Nous y formâmes un établissement

pour le temps de notre relâche dans ce port ; nous y dressâmes des tentes pour nos voiliers, nos forgerons, et nous y
mîmes en dépôt les pièces à eau et notre arrimage, que
nous refîmes entièrement. Comme tous les villages indiens
étaient sur le continent, nous nous flattions d'être en sûreté
sur notre île ; nous fîmes bientôt l'expérience du contraire.
Nous avions déjà éprouvé que les Indiens étaient très
voleurs ; mais nous ne leur supposions pas une activité et
une opiniâtreté capables d'exécuter les projets les plus longs
et les plus difficiles. Nous apprîmes bientôt à les mieux
connaître.

Ils passaient toutes les nuits à épier le moment favorable
pour nous voler ; mais nous faisions bonne garde à bord de
nos vaisseaux , et ils ont rarement trompé notre vigilance.
J'avais d'ailleurs établi la loi de Sparte : le volé était puni,
et si nous n'applaudissions pas au voleur, du moins nous
ne réclamions rien , afin d'éviter toute rixe qui aurait pu
avoir des suites funestes. Je ne me dissimulais pas que cette
extrême douceur les rendrait insolents. J'avais cependant
tâché de les convaincre de la supériorité de nos armes : on
avait tiré devant eux un coup de canon à boulet, afin de
leur faire savoir qu'on pouvait les atteindre de loin , et un
coup de fusil à balles avait traversé en présence d'un grand
nombre de ces Indiens, plusieurs doubles d'une cuirasse
qu'ils nous avaient vendue, après nous avoir fait comprendre
par signes qu'elle était impénétrable aux flèches et aux
poignards ; enfin nos chasseurs, qui étaient adroits, tuaient
les oiseaux sur leur tête. Je suis bien certain qu'ils n'ont
jamais cru nous inspirer des sentiments de crainte ; mais
leur conduite m'a prouvé qu'ils n'ont pas douté que notre
patience ne fût à toute épreuve. Bientôt ils m'obligèrent à

lever l'établissement que j'avais sur l'ile. Ils y débarquaient la nuit, du côté du large ; ils traversaient un bois très fourré, dans lequel il nous était impossible de pénétrer le jour, et, se glissant sur le ventre comme des couleuvres, sans remuer presque une feuille, ils parvenaient, malgré nos sentinelles, à dérober quelques-uns de leurs effets. Enfin ils eurent l'adresse d'entrer de nuit dans la tente où couchaient MM. de Lauriston et Darbaud, qui étaient de garde à l'observatoire ; ils enlevèrent un fusil garni d'argent, ainsi que les habits de ces deux officiers, qui les avaient placés par précaution sous leur chevet. Une garde de douze hommes ne les aperçut pas, et les deux officiers ne furent point éveillés. Ce dernier vol nous eût peu inquiétés, sans la perte du cahier original sur lequel étaient écrites toutes nos observations astronomiques depuis notre arrivée dans le Port-des-Français.

Ces obstacles n'empêchaient pas nos canots et nos chaloupes de faire de l'eau et du bois. Tous nos officiers étaient sans cesse en corvée à la tête des différents détachements de travailleurs que nous étions obligés d'envoyer à terre ; leur présence et le bon ordre contenaient les sauvages.

Nous avions déjà visité le fond de la baie, qui est peut-être le lieu le plus extraordinaire de la terre. Pour en avoir une idée, qu'on se représente un bassin d'eau d'une profondeur qu'on ne peut mesurer au milieu ; bordé par des montagnes à pic d'une hauteur excessive, couvertes de neige, sans un brin d'herbe sur cet amas immense de rochers condamnés par la nature à une stérilité éternelle.

Je n'ai jamais vu un souffle de vent rider la surface de cette eau ; elle n'est troublée que par la chute d'énormes morceaux de glace qui se détachent très fréquemment de cinq différents glaciers, et qui font en tombant un bruit qui retentit au loin dans les montagnes. L'air y est si tranquille et le silence si profond, que la simple voix d'un homme se fait entendre à une demi-lieue, ainsi que le bruit de quelques oiseaux de mer qui déposent leurs œufs dans le creux de ces rochers.

C'était au fond de cette baie que nous espérions trouver des canaux par lesquels nous pourrions pénétrer dans l'intérieur de l'Amérique. Nous supposions qu'elle devait aboutir à une grande rivière dont le cours pouvait se trouver entre deux montagnes, et que cette rivière prenait sa source dans un des grands lacs au nord du Canada. Voilà notre chimère, et voici quel en fut le résultat.

Nous partîmes avec les deux grands canots de la *Boussole* et de *l'Astrolabe*. Nous entrâmes dans le canal de l'ouest. Il était prudent de ne pas se tenir sur les bords, à cause de la chute des pierres et des glaces. Nous parvînmes enfin, après avoir fait une lieue et demie seulement, à un cul-de-sac qui se terminait par deux glaciers immenses. Nous fûmes obligés d'écarter les glaçons dont la mer était couverte, pour pénétrer dans cet enfoncement. L'eau en était si profonde, qu'à une demi-encablure de terre je ne trouvai pas fond à cent vingt brasses. MM. de Langle, de Monti et Dagelet, ainsi que plusieurs autres officiers, voulurent gravir le glacier. Après des fatigues inexprimables ils parvinrent jusqu'à deux lieues, obligés de franchir, avec beaucoup de risques, des crevasses d'une très grande profondeur. Ils n'aperçurent qu'une continuation de glaces et de neige qui ne doit se terminer qu'au sommet du mont Beau-Temps.

Pendant cette course, mon canot était resté sur le rivage; un morceau de glace qui tomba dans l'eau à plus de quatre cents toises de distance occasionna sur le bord de la mer un remous si considérable, qu'il en fut renversé et jeté assez loin sur le bord du glacier. Cet accident fut promptement réparé, et nous retournâmes tous à bord, ayant achevé en quelques heures notre voyage dans l'intérieur de l'Amérique.

⁂

Continuation du séjour au Port-des-Français. — Affreux malheur. — Précis historique de cet événement.

Le lendemain de cette course, le chef arriva à bord, mieux accompagné et plus paré qu'à son ordinaire. Après beaucoup de chansons et de danses, il proposa de me vendre l'île sur laquelle était mon observatoire, se réservant sans doute tacitement, pour lui et pour les autres Indiens, le droit de nous y voler. Il était plus que douteux que ce chef fût propriétaire d'aucun terrain ; le gouvernement de ces peuples est tel, que le pays doit appartenir à la société entière. Cependant, comme beaucoup de sauvages étaient témoins de ce marché, j'avais droit de penser qu'ils donnaient leur sanction, et j'acceptai l'offre du chef, convaincu d'ailleurs que le contrat de cette vente pourrait être cassé par plusieurs tribunaux, si jamais la nation plaidait contre nous, car nous n'avions aucune preuve que les témoins fus-

sent ses représentants, et le chef, le vrai propriétaire. Quoiqu'il en soit, je lui donnai plusieurs aunes de drap rouge,
des haches, des herminettes, du fer en barre, des clous. Je
fis aussi des présents à toute sa suite. Le marché ainsi conclu et soldé, j'envoyai prendre possession de l'ile avec les
formalités ordinaires. Je fis enterrer au pied d'une roche
une bouteille qui contenait une inscription relative à cette
prise de possession, et je mis auprès une des médailles de
bronze qui avaient été frappées en France avant notre
départ.

Cependant l'ouvrage principal, celui qui avait été l'objet
de notre relâche, était achevé; nos canons étaient en place,
notre arrimage réparé, et nous avions embarqué une grande
quantité d'eau et de bois. Nul port dans l'univers ne peut
présenter plus de commodités pour hâter ce travail, qui est
souvent si difficile dans d'autres contrées. Des cascades,
comme je l'ai déjà dit, tombant du haut des montagnes,
versent l'eau la plus claire dans des barriques qui restent
dans la chaloupe; le bois, tout coupé, est épars sur le rivage, bordé par une mer tranquille. Nous nous regardions
comme les plus heureux de navigateurs d'être arrivés à une
si grande distance de l'Europe sans avoir eu un seul malade
ni un seul homme des deux équipages atteint du scorbut.

Mais le plus grand des malheurs, celui qu'il était le plus impossible de prévoir, nous attendait à ce terme. C'est avec la
plus vive douleur que je vais tracer l'histoire d'un désastre mille
fois plus cruel que les maladies et tous les autres événements
des plus longues navigations. Je cède au devoir rigoureux
que je me suis imposé d'écrire cette relation, et je ne crains
pas de laisser connaître que mes regrets ont été, depuis cet

événement, cent fois accompagnés de mes larmes ; que le temps n'a pu calmer ma douleur. Chaque objet, chaque instant me rappelle la perte que nous avons faite, et dans une circonstance où nous croyions si peu avoir à craindre un pareil événement. J'avais donné des instructions formelles pour qu'on n'exposât pas les canots et pour qu'on évitât les brisants, mais malheureusement on n'en tint pas compte

Nos canots partirent comme je l'avais ordonné, à six heures du matin, c'était autant une partie de plaisir que d'instruction et d'utilité. On devait chasser et déjeuner sous des arbres.

Les sept meilleurs soldats du détachement composaient l'armement de la biscayenne, dans laquelle le maître pilo'e de ma frégate s'était aussi embarqué pour sonder. M. Boutin avait pour second dans son petit canot M. Mouton, lieutenant de frégate. Je savais que le canot de *l'Astrolabe* était commandé par M. de Marchainville ; mais j'ignorais s'il y avait d'autres officiers.

A dix heures du matin je vis revenir notre petit canot. Un peu surpris parce que je ne l'attendais pas sitôt, je demandai à M. Boutin, avant qu'il fût monté à bord, s'il y avait quelque chose de nouveau. Je craignis dans ce premier instant quelque attaque des sauvages. L'air de M. Boutin n'était pas propre à me rassurer ; la plus vive douleur était peinte sur son visage. Il m'apprit bientôt le naufrage affreux dont il venait d'être témoin, et auquel il n'avait échappé que parce que la fermeté de son caractère lui avait permis de voir toutes les ressources qui restaient dans un si extrême péril. Entraîné, en suivant son commandant, au milieu des brisants qui portaient dans la passe, pendant que la marée sortait avec une vitesse de trois ou quatre lieues par heure, il imagina de présenter à la lame l'arrière de son canot, qui, de cette manière, poussée par cette lame, et lui cédant, pouvait ne pas se remplir, mais devait cependant être entraîné au-dehors à reculons par la marée. Bientôt il vit les brisants de l'avant de son canot, et il se trouva dans la grande mer. Plus occupé du salut de ses camarades que du sien propre, il parcourut le bord des brisants, dans l'espoir de sauver quelqu'un ; il s'y rengagea même, mais il fut repoussé par la marée : enfin, il monta sur les épaules de M. Mouton, afin de découvrir un plus grand espace. Vain espoir, tout avait été englouti..... et M. Boutin rentra à la marée étale. La mer était devenue belle, cet officier avait conservé quelque espérance pour la biscayenne que commandait M. d'Escures, mon premier lieutenant ; il n'avait vu périr que la nôtre. M. de Marchainville était dans ce moment à un grand quart de lieue du danger, c'est-à-dire dans une mer aussi parfaitement tranquille que celle du port le mieux fermé ; mais ce jeune officier, poussé par une générosité sans doute imprudente, puisque tout secours était impossible dans ces circonstances, ayant l'âme trop élevée, le courage trop grand pour faire cette réflexion lorsque ses amis étaient dans une si extrême danger, vola à leur secours, se jeta dans les mêmes brisants, et, victime de sa générosité et de la désobéissance de son chef, périt comme lui.

Bientôt M. de Langle arriva à mon bord, aussi accablé de douleur que moi-même, et m'apprit en versant des larmes, que le malheur était encore infiniment plus grand que je ne croyais. Depuis notre départ de France, il s'était fait une loi inviolable de ne jamais détacher les deux frères pour une même corvée ; il avait cédé, dans cette seule occasion, au désir qu'ils avaient témoigné d'aller se promener et chasser ensemble, car c'était presque sous ce point de vue que nous avions envisagé l'un et l'autre la course de nos canots, que nous croyions aussi peu exposés que dans la rade de Brest lorsque le temps est très beau.

Les pirogues des sauvages vinrent dans ce même moment nous annoncer ce funeste événement. Les signes de ces hommes grossiers exprimaient qu'ils avaient vu périr les deux canots, et que tout secours avait été impossible. Nous les comblâmes de présents, et nous tâchâmes de leur faire comprendre que toutes nos richesses appartiendraient à celui qui aurait sauvé un seul homme.

Rien n'était plus propre à émouvoir leur humanité ; ils coururent sur les bords de la mer, et se répandirent sur les deux côtés de la baie. J'avais déjà envoyé ma chaloupe, commandée par M. de Clonard, vers l'est, où, si quelqu'un, contre toute apparence, avait eu le bonheur de se sauver, il était probable qu'il aborderait. M. de Langle se porta sur la côte de l'ouest afin de ne rien laisser à visiter, et je restai à bord, chargé de la garde des deux vaisseaux, avec les équipages nécessaires pour n'avoir rien à craindre des sauvages, contre lesquels la prudence voulait que nous fussions toujours en garde. Presque tous les officiers et plusieurs autres personnes avaient suivi MM. de Langle et de Clonard. Ils firent trois lieues sur le bord de la mer, où le plus petit débris ne fut pas même jeté. J'avais cependant conservé un peu d'espoir. L'esprit s'accoutume avec peine au passage si subit d'une situation douce à une douleur si profonde ; mais le retour de nos canots et chaloupes détruisit cette illusion, et acheva de me jeter dans une consterna-

tion que les expressions les plus fortes ne rendront jamais
que très imparfaitement.

Il ne nous restait plus qu'à quitter promptement un pays
qui nous avait été si funeste ; mais nous devions encore
quelques jours aux familles de nos malheureux amis. Un départ trop précipité aurait laissé des inquiétudes, des doutes en Europe : on n'aurait pas réfléchi que le courant ne
s'étend au plus qu'à une lieue en dehors de la passe ;
que ni les canots ni les naufragés n'avaient pu être en-
traînés qu'à cette distance, et que la fureur de la mer en
cet endroit ne laissait aucun espoir de leur retour. Si, contre toute vraisemblance, quelqu'un d'eux avait pu y revenir,
comme ce ne pouvait être que dans les environs de la baie,
je formai la résolution d'attendre encore plusieurs jours ;
mais je quittai le mouillage de l'île, et je pris celui du pla-
tin de sable qui est à l'entrée, sur·la côte de l'ouest. Je
mis cinq jours à faire ce trajet, qui n'est que d'une lieue,
pendant lesquels nous essuyâmes un coup de vent d'est qui
nous aurait mis dans un très grand danger si nous n'eus-
siens été mouillés sur un bon fond de vase ; heureusement
nos ancres ne chassèrent pas, car nous étions à moins
d'une encablure de terre. Les vents contraires nous retin-
rent plus longtemps que je n'avais projeté de rester, et
nous ne mîmes à la voile que le 30 juillet, dix-huit jours
après l'événement qu'il m'a été si pénible de décrire, et
dont le souvenir me rendra éternellement malheureux.
Avant notre départ, nous érigeâmes sur l'île du milieu de
la baie, à laquelle je donnai le nom d'île du *Cénotaphe*, un
monument a la mémoire de nos malheureux compagnons.
M. de Lamanon composa l'inscription suivante, qu'il en-
terra, dans une bouteille, au pied de ce cénotaphe :

La Pérouse   4

« A l'entrée du port ont péri vingt et un braves marins :
» qui que vous soyez, mêlez vos larmes aux. nôtres. Le 4
» juillet 1786, les frégates *la Boussole* et *l'Astrolabe*, parties
» de Brest le 1ᵉʳ août 1785, sont arrivées dans ce port. Par
» les soins de M. de la Pérouse, commandant en chef l'ex-
» pédition ; de M. le vicomte de Langle, commandant la
» deuxième frégate ; de MM. de Clonard et de Monti, capi-
» taines en second des deux bâtiments, et des autres offi-
» ciers et chirurgiens, aucune des maladies qui sont la
» suite des longues navigations n'avait atteint les équipa-
» ges, M. de la Pérouse se félicitait, ainsi que nous tous, d'a-
» voir été d'un bout du monde à l'autre, à travers toutes
» sortes de dangers, ayant fréquenté des peuples réputés
» barbares, sans avoir perdu un seul homme ni versé une
» goutte de sang. Le 13 juillet, trois canots partirent à six
» heures du matin pour aller placer des sondes sur le plan
» de la baie, qui avait été dressé. Ils étaient commandés
» par M. d'Escures, lieutenant de vaisseau, chevalier de
» Saint-Louis. M. de la Pérouse lui avait donné des ins-
» tructions par écrit pour lui défendre expressément de s'ap-
» procher du courant ; mais, au moment qu'il croyait en-
» core en être éloigné, il s'y trouva engagé. MM. de Laborde
» frères et de Flassan, qui étaient dans le canot de la
» deuxième frégate, ne craignirent pas de s'exposer pour
» voler au secours de leurs camarades ; mais, hélas ! ils
» ont eu le même sort....... Le troisième canot était sous
» les ordres de M. Boutin, lieutenant de vaisseau. Cet offi-
» cier, luttant avec courage contre les brisants, fit pen-
» dant plusieurs heures de grands mais inutiles efforts pour
» secourir ses amis, et ne dut lui-même son salut qu'à la
» meilleure construction de son canot, à sa prudence éclai-

» rée, à celle de M. Laprise Mouton, lieutenant de frégate,
» son second, et à l'activité et la prompte obéissance de son
» équipage, composé de quatre matelots. Les Indiens ont
» paru prendre part à notre douleur; elle est extrême. Émus
» par le malheur, et non découragés, nous partons le 30 juil-
» let pour continuer notre voyage. » (*Suivent les noms
des victimes.*)

Notre séjour à l'entrée de la baie nous procura sur les
mœurs et les divers usages des sauvages beaucoup de connaissances qu'il nous eût été impossible d'acquérir dans
l'autre mouillage. Nos vaisseaux étaient à l'ancre auprès
de leurs villages; nous les visitions plusieurs fois chaque
jour, et chaque jour nous avions à nous en plaindre;
quoique notre conduite à leur égard ne se fût jamais démen-
tie, et que nous n'eussions pas cessé de leur donner des
preuves de douceur et de bienveillance.

Le 22 juillet, ils nous apportèrent des débris de nos
canots naufragés, que la lame avait poussés sur la côte de
l'est, fort près de la baie, et ils nous firent entendre par
des signes qu'ils avaient enterré un de nos malheureux
compagnons sur le rivage où il avait été jeté par la lame.
Sur ces indices, MM. de Clonard, de Monneron, de Monti,
partirent aussitôt et dirigèrent leur course vers l'est, accompagnés des mêmes sauvages qui nous avaient apporté ces
débris, et que nous avions comblés de présents.

Nos officiers firent trois lieues sur des pierres dans un
chemin épouvantable. A chaque demi-heure les guides exigeaient un nouveau paiement, ou refusaient de suivre;
enfin ils s'enfoncèrent dans le bois et prirent la fuite. Nos
officiers s'aperçurent, mais trop tard, que leur rapport
n'était qu'une ruse inventée pour obtenir encore des pré-

sents. Ils virent dans cette course des forêts immenses de
sapins de la plus belle dimension ; ils en mesurèrent de
cinq pieds de diamètre, et qui paraissaient avoir plus de 40
mètres 66 centimètres de hauteur.

Le récit qu'ils nous firent de la manœuvre des sauvages
ne nous surprit pas : leur adresse en fait de vols et de four-
beries ne peut trouver aucun terme de comparaison. MM.
de Langle et de Lamanon, avec plusieurs officiers et naturalistes, avaient fait, deux jours auparavant, dans l'ouest,
une course qui avait également pour objet ces tristes recherches. Elle fut aussi infructueuse que l'autre ; mais ils ren-
contrèrent un moraï qui leur prouva que ces Indiens étaient
dans l'usage de brûler les morts et d'en conserver la tête :
ils en trouvèrent une enveloppée dans plusieurs peaux. Ce
monument consiste en quatre piquets assez forts qui portent une petite chambre en planches, dans laquelle reposent les cendres, contenues dans des coffres. Ils ouvrirent
ces coffres, défirent ces paquets de peaux qui enveloppaient
la tête, et après avoir satisfait leur curiosité, ils remirent
scrupuleusement chaque chose à sa place, ils ajoutèrent
beaucoup de présents en instruments de fer et en rassades.
Les sauvages qui avaient été témoins de cette visite montrèrent un peu d'inquiétude, mais ils ne manquèrent pas
d'aller enlever très promptement les présents que nos voyageurs avaient laissés. D'autres curieux, ayant été le lendemain dans le même lieu, n'y trouvèrent que les cendres et
la tête ; ils y mirent de nouvelles richesses, qui eurent le
même sort que celles du jour précédent. Je suis certain que
les Indiens auraient désiré plusieurs visites par jour ; mais
s'ils nous permirent, quoique avec un peu de répugnance,
de visiter leurs tombeaux, il n'en fut pas de même de leurs

rabanes, ils n'y consentirent qu'après avoir pris toutes sortes de précautions.

Nous voyions chaque jour entrer dans la baie de nouvelles pirogues, et chaque jour des villages entiers en sortaient et cédaient leur place à d'autres.

Ces Indiens paraissaient beaucoup redouter la passe, et ne s'y hasardaient jamais qu'à la mer étale du flot ou du jusant. Nous apercevions distinctement, à l'aide de nos lunettes, que, lorsqu'ils étaient entre deux pointes, le chef ou du moins l'Indien le plus considérable se levait, tendait les bras vers le soleil, et paraissait lui adresser des prières, pendant que les autres pagayaient avec la plus grande force. Ce fut en demandant quelques éclaircissements sur cette coutume que nous apprîmes que, depuis peu de temps, sept très grandes pirogues avaient fait naufrage dans la passe. La huitième s'était sauvée. Les Indiens qui échappèrent à ce malheur la consacrèrent ou à leur dieu ou à la mémoire de leurs compagnons. Nous la vîmes à côté d'un moraï qui contenait sans doute les cendres de quelques naufragés.

Cette pirogue ne ressemblait point à celles du pays, qui ne sont formées que d'un arbre creusé, relevé de chaque côté par une planche cousue au fond de la pirogue. Celle-ci avait des couples, des lisses comme nos canots, et cette charpente, très bien faite, avait un étui de peau de loup marin qui lui servait de bordage ; il était si parfaitement cousu, que les meilleurs ouvriers de l'Europe auraient de la peine à imiter ce travail. L'étui dont je parle, que nous avons mesuré avec la plus grande attention, était déposé dans le moraï à côté des coffres cinéraires, et la charpente

de la pirogue, élevée sur des chantiers, restait nue auprès
de ce monument.

J'aurais désiré emporter cette enveloppe en Europe, nous
en étions absolument les maîtres : cette partie de la baie
n'étant pas habitée, aucun Indien ne pouvait y mettre obstacle ; d'ailleurs je suis très persuadé que les naufragés
étaient étrangers ; mais il est une religion universelle
pour les asiles des morts, et j'ai voulu que ceux-ci fussent
respectés.

Enfin, le 30 juillet nous appareillâmes en voguant vers
le nord.

Mœurs et coutumes des habitants du Port-des-Français.

Les habitants du Port-des-Français, aussi grossiers et
aussi barbares que le sol est rocailleux et agreste, n'habitent cette terre que pour la dépeupler. En guerre avec tous
les animaux, ils méprisent les substances végétales qui
naissent autour d'eux. J'ai vu des femmes et des enfants
manger quelques fraises et quelques framboises ; mais c'est
sans doute un mets insipide pour ces hommes, qui ne sont
sur la terre que comme le vautour dans les airs, ou les
loups et les tigres dans les forêts. . .

Leurs arts sont assez avancés, et leur civilisation à cet

égard a fait de grands progrès ; mais celle qui polit les mœurs, adoucit la férocité, est encore dans l'enfance. La manière dont ils vivent, excluant toute subordination, fait qu'ils sont continuellement agités par la crainte ou par la vengeance. Colères et prompts à s'irriter, je les ai vus sans cesse le poignard à la main les uns contre les autres. Exposés à mourir de faim l'hiver, parce que la chasse peut n'être pas heureuse, ils sont pendant l'été dans la plus grande abondance, pouvant prendre en moins d'une heure le poisson nécessaire à la subsistance de leur famille, oisifs le reste de la journée, ils la passent au jeu, pour lequel ils ont une passion aussi violente que quelques habitants de nos grandes villes. Cette peuplade s'anéantirait entièrement si à tous ces vices destructeurs elle joignait le malheur de connaître l'usage des liqueurs fortes.

Les philosophes se récrieraient en vain contre ce tableau : ils font leurs livres au coin de leur feu, et je voyage depuis trente ans ; je suis témoin des injustices et de la fourberie de ces peuples qu'on nous peint si bons parce qu'ils sont très près de la nature. Mais cette nature n'est sublime que dans ses masses, elle néglige tous les détails. Il est impossible de pénétrer dans les bois que la main des hommes civilisés n'a point élagués, de traverser les plaines remplies de pierres, de rochers, et inondées de marais impraticables ; de faire société avec l'homme de la nature, parce qu'il est barbare, méchant et fourbe. Confirmé dans cette opinion par ma triste expérience, je n'ai pas cru néanmoins devoir user des forces dont la direction m'était confiée pour repousser l'injustice de ces sauvages, et pour leur apprendre qu'il est un droit des gens qu'on ne viole jamais impunément.

Des Indiens, dans leur pirogues, étaient sans cesse autour de nos frégates ; ils y passaient trois ou quatre heures avant de commencer l'échange de quelques poissons ou de deux ou trois peaux de loutre ; ils saisissaient toutes les occasions de nous voler ; ils arrachaient le fer qui était facile à enlever, et ils examinaient surtout par quel moyen ils pourraient, pendant la nuit, tromper notre vigilance. Je faisais monter à bord de ma frégate les principaux personnages ; je les comblais de présents, et ces mêmes hommes que je distinguais si particulièrement ne dédaignaient jamais le vol d'un clou ou d'une vieille culotte. Lorsqu'ils prenaient un air riant et doux, j'étais assuré qu'ils avaient volé quelque chose, et très souvent je faisais semblant de ne pas m'en apercevoir.

J'avais expressément recommandé d'accabler de caresses les enfants, de les combler de petits présents. Les parents étaient insensibles à cette marque de bienveillance, que je croyais de tous les pays ; la seule réflexion qu'elle fît naître, c'est qu'en demandant à accompagner leurs enfants lorsque je les faisais monter à bord, ils auraient une occasion de nous voler, et pour mon instruction, je me suis procuré plusieurs fois le plaisir de voir le père profiter du moment où nous paraissions le plus occupés de son enfant, pour enlever, et cacher sous sa couverture de peau, tout ce qui lui tombait sous la main.

J'ai eu l'air de désirer de petits effets de peu de valeur qui appartenaient à des Indiens que je venais de combler de présents : c'était un essai que je faisais de leur générosité ; mais ce fut toujours inutilement.

J'admettrai enfin, si l'on veut, qu'il est impossible qu'une société existe sans quelques vertus, mais je suis

obligé de convenir que je n'ai pas eu la sagacité de les
apercevoir. Toujours en querelle entre eux, indifférents
pour leurs enfants, vrais tyrans de leurs femmes, qui sont
condamnées sans cesse aux travaux les plus pénibles, je
n'ai rien observé chez ce peuple qui m'ait permis d'adoucir
les couleurs de ce tableau.

Nous ne descendions à terre qu'armés et en force. Ils
craignaient beaucoup nos fusils ; et huit ou dix Européens
rassemblés imposaient à tout un village. Les chirurgiens-
majors de nos deux frégates, ayant eu l'imprudence d'aller
seuls à la chasse, furent attaqués : les Indiens voulurent
leur arracher leurs fusils, mais ils ne purent y réussir ;
deux hommes seuls leur imposèrent assez pour les faire
reculer. Le même événement arriva à M. de Lesseps, jeune
interprète russe, qui fut heureusement secouru par l'équipage d'un de nos canots. Ces commencements d'hostilités
leur paraissaient si simples, qu'ils ne discontinuaient pas
de venir à bord, et ils ne soupçonnèrent jamais qu'il nous
fût possible d'user de représailles.

J'ai donné le nom de village à trois ou quatre appentis
de bois, de 8 mètres 16 centimètres de long sur 5 à 6
mètres de large, couverts seulement du côté du vent avec
des planches ou des écorces d'arbre ; au milieu était un feu
au-dessus duquel pendaient des flétans et des saumons qui
séchaient à la fumée. Dix-huit ou vingt personnes logeaient
sous chacun de ces appentis, les femmes et les enfants
d'un côté, et les hommes de l'autre. Il m'a paru que chaque
cabane constituait une petite peuplade indépendante de la
voisine : chacune avait sa pirogue et une espèce de chef ;
elle partait, sortait de la baie, emportait son poisson et ses

planches, sans que le reste du village eût l'air d'y prendre la moindre part.

Je crois pouvoir assurer que ce port n'est habité que pendant la belle saison, et que les Indiens n'y passent jamais l'hiver. Je n'ai jamais vu une seule cabane à l'abri de la pluie, et, quoiqu'il n'y ait jamais eu ensemble dans la baie trois cents Indiens, nous avons été visités par sept ou huit cents autres.

Les pirogues entraient et sortaient continuellement, et emportaient ou rapportaient leur maison et leurs meubles, qui consistent en beaucoup de petits coffres, dans lesquels ils renferment leurs effets les plus précieux. Ces coffres sont placés à l'entrée de leurs cabanes, qui sont d'ailleurs d'une malpropreté et d'une puanteur à laquelle ne peut être comparée la tanière d'aucun animal connu.

La plus excessive gloutonnerie préside à leur repas ; aussi, est-il impossible à un européen d'en supporter la vue et l'odorat. Une fois repus, ils se vautrent parmi les débris, jusqu'à ce qu'un sommeil réparateur ranime leur appétit.

Les vases de bois dans lesquels ils font cuire leurs poissons ne sont jamais lavés ; ils leur servent de marmite, de plat et d'assiette. Comme ces vases ne peuvent aller au feu, ils font bouillir l'eau avec des cailloux rougis, qu'ils renouvellent jusqu'à l'entière cuisson de leurs aliments. Ils connaissent aussi la manière de les rôtir : elle ne diffère pas de celle de nos soldats dans les camps. Il est probable que nous n'avons vu qu'une très petite partie de ces peuples, qui occupent vraisemblablement un espace assez considérable sur le bord de la mer. Ils sont errants pendant l'été dans les différentes baies, cherchant leur pâture comme les loups marins, et l'hiver ils s'enfoncent dans l'intérieur du pays pour chasser les castors et les autres animaux dont ils nous ont apporté les dépouilles. Quoiqu'ils aient les pieds nus, la plante n'en est point calleuse, et ils ne peuvent marcher sur les pierres, ce qui prouve qu'ils ne voyagent jamais qu'en pirogues, ou sur la neige avec des raquettes.

Les chiens sont les seuls animaux avec lesquels ils aient fait alliance : il y en a ordinairement trois ou quatre par cabane. Ils sont petits, et ressemblent au chien de berger de M. de Buffon. Ils n'aboient presque pas ; ils ont un sifflement fort approchant de l'adive du Bengale, et ils sont si sauvages, qu'ils paraissent être aux autres chiens ce que leurs maîtres sont aux peuples civilisés. Les hommes se percent le cartilage du nez et des oreilles ; ils y attachent différents petits ornements. Ils se font des cicatrices sur les bras et sur la poitrine avec un instrument de fer tranchant, qu'ils aiguisent en le passant sur leurs dents limées jusqu'au ras des gencives, et ils se servent pour cette opération, d'un grès arrondi ayant la forme d'une langue. L'ocre, le noir de fumée, la plombagine, mêlés avec l'huile de loup marin, leur servent à se peindre le visage et le reste du corps d'une manière effroyable. Lorsqu'ils sont en grande cérémonie, leurs cheveux sont longs, poudrés, et tressés avec le duvet des oiseaux de mer : c'est leur plus grand luxe, et il est peut-être réservé aux chefs de famille. Une simple peau couvre leurs épaules ; le reste du corps est absolument nu, à l'exception de la tête, qu'ils couvrent ordinairement avec un petit chapeau de paille très artistement tressée ; mais quelquefois ils placent sur leur tête des bonnets à deux cornes, des plumes d'aigle, et

enfin des têtes d'ours entières dans lesquelles ils ont enchâssé
une calotte de bois. Ces différentes coiffures sont très
variées; mais elles ont pour objet principal, comme presque tous leurs autres usages, de les rendre effrayants,
peut être afin d'imposer davantage à leurs ennemis.

Quelques Indiens avaient des chemises entières de peau
de loutre, et l'habillement ordinaire du grand chef était
une chemise de peau d'original tannée, bordée d'une frange
de sabots de daim et de becs d'oiseaux, qui imitaient le
bruit des grelots lorsqu'ils dansaient. Ce même habillement est très connu des sauvages du Canada, et des autres
nations qui habitent les parties orientales de l'Amérique.

Je n'ai vu de tatouage que sur les bras de quelques femmes. Celles-ci ont un usage qui les rend hideuses, et que
j'aurais peine à croire si je n'en avais été le témoin :
toutes, sans exception, ont la lèvre inférieure fendue au
ras des gencives, dans toute la largeur de la bouche; elles
portent une espèce d'écuelle de bois sans anses qui appuie
contre les gencives, à laquelle cette lèvre fendue sert de
bourrelet en dehors, de manière que la partie de la bouche
est saillante de 6 centimètres. Les jeunes filles n'ont qu'une
aiguille dans la lèvre inférieure, et les femmes mariées ont
seules le droit de l'écuelle. Nous les avons quelquefois enga-
gées à quitter cet ornement : elles s'y déterminaient avec
peine, elles faisaient alors le même geste et témoignait le
même embarras qu'une femme d'Europe à se priver des
ornements de son sexe. La lèvre inférieure tombait alors
sur le menton, et ce second tableau ne valait guère mieux
que le premier.

On ne peut douter que le soleil ne soit le dieu de ces
peuples : ils lui adressent très fréquemment des prières;

mais je n'ai vu ni temples, ni prêtres, ni la trace d'aucun culte.

La taille de ces Indiens est à peu près comme la nôtre, les traits de leur visage sont très variés, et n'offrent de caractère particulier que dans l'expression de leurs yeux, qui n'annoncent jamais un sentiment doux. La couleur de leur peau est très brune, parce qu'elle est sans cesse exposée à l'air; mais leurs enfants naissent aussi blancs que les nôtres. Ils ont de la barbe, moins à la vérité que les Européens, mais assez cependant pour qu'il soit impossible d'en douter, et c'est une erreur trop légèrement adoptée de croire que tous les Américains sont imberbes : j'ai vu les indigènes de la Nouvelle-Angleterre, du Canada, de l'Acadie, de la baie d'Hudson, et j'ai trouvé chez ces différentes nations plusieurs individus ayant de la barbe, ce qui m'a porté à croire que les autres étaient dans l'usage de l'arracher. La charpente de leur corps est faible; le moins fort de nos matelots aurait culbuté à la lutte le plus robuste des Indiens.

Les Américains du Port-des-Français savent forger le fer, façonner le cuivre, filer le poil de différents animaux, et fabriquer à l'aiguille, avec cette laine, un tissu pareil à notre tapisserie; ils entremêlent dans ce tissu des lanières de peau de loutre, ce qui fait ressembler leurs manteaux à la peluche de soie la plus fine. Nulle part on ne tresse avec plus d'art des chapeaux et des paniers de jonc; ils y figurent des dessins assez agréables. Ils sculptent· aussi très passablement toutes sortes de figures d'hommes, d'animaux, en bois ou en pierre, marquettent, avec des opercules de coquilles, des coffres dont la forme est assez élégante. Ils taillent en bijoux la pierre serpentine, et lui donnent le poli du marbre.

Leurs armes sont le poignard que j'ai déjà décrit, une lance de bois durci au feu, ou de fer, suivant la richesse du propriétaire, et enfin l'arc et les flèches, qui sont ordinairement armées d'une pointe de cuivre; mais les arcs n'ont rien de particulier, et ils sont beaucoup moins forts que ceux de plusieurs autres nations.

J'ai parlé de la passion de ces Indiens pour le jeu; celui auquel ils se livrent avec une extrême fureur est absolument un jeu de hasard. Ils ont trente buchettes ayant chacune des marques différentes comme nos dès; ils en cachent sept : chacun joue à son tour, et celui qui approche le plus du nombre tracé sur les sept buchettes gagne l'enjeu convenu, qui est ordinairement un morceau de fer ou de hache. Ce jeu les rend tristes et sérieux; je les ai cependant entendus chanter très souvent, et lorsque le chef venait me visiter, il faisait ordinairement le tour du bâtiment en chantant, les bras étendus en forme de croix et en signe d'amitié: il montait ensuite à bord et y jouait une pantomime qui exprimait ou des combats, ou des surprises, ou la mort. L'air qui avait précédé cette danse était agréable et assez harmonieux.

Détails sur les Californies et leurs missions. — Mœurs et usages des Indiens convertis et des Indiens indépendants

A son départ du Port-des-Français, La Pérouse continua d'explorer la côte d'Amérique, et entra le 13 septembre dans la baie de Monterey.

Les Indiens de Monterey, dit-il, petits, faibles, et approchant de la couleur des nègres, sont très adroits à tirer de l'arc. Ils tuèrent devant nous les oiseaux les plus petits. Il est vrai que leur patience pour les approcher est inexprimable : ils se cachent et se glissent en quelque sorte auprès du gibier, et ne le tirent guère qu'à quinze pas.

Leur industrie contre la grosse bête est encore plus admirable. Nous vîmes un Indien avant une tête de cerf attachée sur la sienne marcher à quatre pattes, avoir l'air de brouter l'herbe, et jouer cette pantomime avec une telle vérité, que tous nos chasseurs l'auraient tiré à 20 mètres, s'ils n'eussent été prévenus. Ils approchent ainsi le troupeau de cerfs à la plus petite portée, et les tuent à coups de flèches.

Lorette est le seul présidio de l'Ancienne-Californie sur la côte de l'est de cette presqu'île. La garnison est de 134 cavaliers, qui fournissent de petits détachements aux 15 missions, desservies par des pères dominicains, qui ont succédé aux jésuites et aux franciscains : ces derniers sont restés seuls possesseurs des missions de la Nouvelle-Californie.

Les progrès temporels et spirituels de ces missions sont bien lents : il n'y a encore qu'une seule peuplade espagnole. Il est vrai que le pays est malsain, et la terre de la province de Sonora, qui borde la mer Vermeille au levant et la Californie au couchant, est bien plus attrayante pour des Espagnols : ils trouvent dans cette contrée un sol fertile et des mines abondantes, objets bien plus précieux à leurs yeux que la pêcherie des perles de la presqu'île, qui exige un certain nombre d'esclaves plongeurs, qu'il est souvent très difficile de se procurer. Mais la Californie septentrionale, malgré son grand éloignement de Mexico, me paraît réunir infiniment plus d'avantages.

Avant l'établissement des Espagnols, les Indiens de la Californie ne cultivaient qu'un peu de maïs, et vivaient presque uniquement de pêche et de chasse. Nul pays n'est plus abondant en poisson et en gibier de toute espèce. Les lièvres, les lapins et les cerfs y sont très communs ; les loutres de mer et les loups marins s'y trouvent en aussi grande abondance qu'au nord, et l'on y tue pendant l'hiver une très grande quantité d'ours, de renards, de loups et de chats sauvages. Les bois taillis et les plaines sont couverts de perdrix grises huppées, qui, comme celles d'Europe, vivent en société, mais par compagnie de trois ou quatre cents. Elles sont grasses et de fort bon goût.

Les arbres servent d'habitation aux plus charmants oiseaux. Parmi les oiseaux de proie, on voyait l'aigle à tête blanche, le grand faucon et le petit, l'autour, l'épervier, le vautour noir, le grand-duc et le corbeau. On trouvait sur les étangs et sur le bord de la mer le canard, le pélican gris et blanc à huppe jaune, différentes espèces de goëlands, des cormorants, des courlis, des pluviers à collier, de petites mouettes de mer et des hérons; enfin nous tuâmes et empaillâmes un promérops, que le plus grand nombre des ornithologistes croyaient appartenir à l'ancien continent.

Cette terre est aussi d'une fertilité inexprimable; les légumes de toute espèce y réussissent parfaitement. Nous enrichîmes les jardins du gouverneur et des missions de différentes graines que nous avions apportées de Paris. Elles s'étaient parfaitement conservées, et leur procureront de nouvelles jouissances.

Les récoltes de maïs, d'orge, de blé et de pois, ne peuvent être comparées qu'à celles du Chili. Nos cultivateurs ne peuvent avoir aucune idée d'une pareille fertilité. Le produit moyen du blé est de soixante-dix à quatre-vingt pour un, les extrêmes soixante et cent. Les arbres fruitiers y sont encore très rares, mais le climat leur convient infiniment. Il diffère peu de celui de nos provinces méridionales de France, du moins le froid n'y est jamais plus vif, mais les chaleurs de l'été y sont beaucoup plus modérées, à cause des brouillards continuels qui règnent dans ces contrées, et qui procurent à cette terre une humidité très favorable à la végétation.

Les arbres des forêts sont le pin à pignon, le cyprès, le chêne vert et le platane d'Occident. Ils sont clair-semés, et une pelouse sur laquelle il est très agréable de marcher couvre la terre de ces forêts. On y rencontre des lacunes de plusieurs lieues, formant de vastes plaines couvertes de toute sorte de gibier. La terre, quoique très végétale, est sablonneuse et légère, et doit, je crois, sa fertilité à l'humidité de l'air, car elle est fort mal arrosée. Le courant d'eau le plus à portée du présidio en est éloigné de 2 lieues. Ce ruisseau qui coule auprès de la maison de Saint-Charles, est appelé par les anciens navigateurs rivière du Carmel. Cette trop grande distance de nos frégates ne nous permit pas d'y faire notre eau ; nous la puisâmes dans des mares derrière le fort, où elle était d'une très médiocre qualité, et dissolvant à peine le savon. La rivière du Carmel, qui procure une boisson saine et agréable aux missonnaires et à leurs Indiens, pourrait encore, avec peu de travail, arroser leur jardin.

Les cabanes des Indiens de Monterey sont les plus misérables qu'on puisse rencontrer chez aucun peuple. Elles sont rondes, de 2 mètres de diamètres sur 1 mètre 33 centimètres de hauteur. Quelques piquets de la grosseur du bras, fixés en terre, et qui se rapprochent en voûte par le haut, en composent la charpente ; huit ou dix bottes de paille mal arrangées sur ces piquets garantissent bien ou mal les habitants de la pluie ou du vent, et plus de la moitié de cette cabane reste découverte lorsque le temps est beau. Leur seule précaution est d'avoir chacun près de leur case deux ou trois bottes de paille en réserve.

Cette architecture générale des deux Californies n'a jamais pu être changée par les exhortations des missionnaires. Les Indiens disent qu'ils aiment le grand air ; qu'il est commode de mettre le feu à sa maison lorsqu'on y est dévoré par une trop grande quantité de puces, et d'en pouvoir construire une autre en moins de deux heures. Les Indiens indépendants, qui changent si souvent de demeure, comme les peuples chasseurs, ont un motif de plus.

La couleur de ces Indiens, qui est celle des nègres ; la maison des religieux, leurs magasins, qui sont bâtis en briques et enduits en mortier ; l'aire du sol sur lequel on foule le grain ; les bœufs, les chevaux, tout enfin nous rappelait une habitation de Saint-Domingue ou de toute autre colonie. Les hommes et les femmes sont rassemblés au son de la cloche, un religieux les conduit au travail, à l'église, et à tous les exercices.

Les Indiens de Monterey se lèvent avec le soleil, vont à la prière et à la messe des missionnaires, qui durent une heure, et pendant ce temps-là on fait cuire au milieu de la place, dans trois grandes chaudières, de la farine d'orge dont le grain a été rôti avant d'être moulu. Cette espèce de bouillie, que les Indiens appellent *atale,* et qu'ils aiment beaucoup, n'est assaisonnée ni de beurre ni de sel, et serait pour nous un mets fort insipide.

Chaque cabane envoie prendre la ration de ses habitants dans un vase d'écorce. Il n'y a ni confusion ni désordre, et lorsque les chaudières sont vides, on distribue le gratin aux enfants qui ont le mieux retenu les leçons du catéchisme.

Ce repas dure trois quarts-d'heure, après quoi ils se rendent tous au travail. Les uns vont labourer la terre avec des bœufs, d'autres bêcher le jardin; chacun enfin est employé aux différents besoins de l'habitation, et toujours sous la surveillance d'un ou de deux religieux.

Les femmes ne sont guère chargées que du soin de leur ménage, de celui de leurs enfants, et de faire rôtir et moudre les grains. Cette dernière opération est très pénible et très longue, parce qu'elles n'ont d'autres moyens pour y parvenir que d'écraser le grain sur une pierre avec un cylindre.

A midi les cloches annoncent le dîner. Les Indiens laissent alors leur ouvrage, et envoient prendre leur ration dans le même vase que pour le déjeuner ; mais cette seconde bouillie est plus épaisse que la première : on y mêle au blé et au maïs des pois et des fèves. Les Indiens lui donnent le nom de *poussole*. Ils retournent au travail depuis deux heures jusqu'à quatre ou cinq. Ils font ensuite la prière du soir, qui dure près d'une heure, et qui est suivie d'une nouvelle ration d'atale, pareille à celle du déjeuner. Ces trois distributions suffisent à la subsistance du plus grand nombre de ces Indiens. La science de cette cuisine consiste à faire rôtir le grain avant de le réduire en farine. Comme les Indiennes n'ont point de vases de terre ni de métal pour faire cette opération, elles la font dans des corbeilles d'écorce sur de petits charbons allumés. Elles tournent ces espèces de vases avec tant d'adresse et de rapidité, qu'elles parviennent à faire enfler et crever le grain sans brûler la corbeille, quoiqu'elle soit d'une matière très combustible, et nous pouvons assurer que le café le mieux brûlé n'approche pas de l'égalité de torréfaction que les Indiennes savent donner à leur grain. On le leur distribue tous les matins, et la plus petite infidélité lorsqu'elles le rendent est punie par des coups de fouet; mais il est assez rare qu'elles s'y exposent. Ces punitions sont ordonnées par des magistrats indiens appelés *caciques*. Il y en a dans chaque mission trois, choisis par le peuple parmi ceux que les missionnaires n'ont pas exclus; mais, pour donner une juste idée de cette magistrature, nous dirons que ces caciques sont, comme les commandeurs d'habitation, des êtres passifs, exécuteurs aveugles des volontés de leurs supérieurs, et que leurs principales fonctions consistent à servir de bedeaux dans l'église, et à y maintenir le bon ordre et l'air de recueillement.

Les récompenses sont de petites distributions particulières de grain, dont ils font de petites galettes cuites sous la braise; et les jours de grandes fêtes, la ration est un bœuf.

Plusieurs le mangent cru, surtout la graisse, qui leur paraît un mets aussi délicieux que le beurre le plus frais ou le meilleur fromage. Ils dépouillent tous les animaux avec la plus grande adresse, et, lorsqu'ils sont gras, ils font comme les corbeaux un croassement de plaisir, en dévorant des yeux les parties dont ils sont le plus friands.

On leur permet souvent de chasser et de pêcher pour leur compte, et à leur retour ils font assez ordinairement aux missionnaires quelque présent en poisson et en gibier ; mais ils en proportionnent la quantité à ce qui leur est rigoureusement nécessaire, ayant l'attention de l'augmenter, s'ils savent que de nouveaux hôtes sont en visite chez leurs supérieurs. Les femmes élèvent autour de leurs cabanes quelques poules dont elles donnent les œufs à leurs enfants. Ces poules sont la propriété des Indiens, ainsi que leurs habillements et les autres petits meubles de ménage et de chasse. Il n'y a pas d'exemple qu'ils se soient jamais volés entre eux, quoique leur fermeture ne consiste qu'en une simple botte de paille qu'ils mettent en travers de l'entrée lorsque tous les habitants sont absents.

Ces mœurs paraîtront patriarcales à quelques-uns de nos lecteurs ; ils ne considèreront pas que, dans ces habitations, il n'est aucun ménage qui offre des objets capables de tenter la cupidité de la cabane voisine. La nourriture des Indiens étant assurée, ils n'ont besoin que de suivre les progrès d'une civilisation toute chrétienne.

Les Indiens convertis ont conservés tous les anciens usages que leur nouvelle religion ne prohibe pas : mêmes cabanes, mêmes jeux, mêmes habillements. Celui du plus riche consiste en un manteau de peau de loutre qui couvre ses reins et descend au-dessous des aines, les plus paresseux n'ont qu'un simple morceau de toile que la mission leur fournit pour cacher leur nudité, et un petit manteau de peau de lapin couvre leurs épaules et descend jusqu'à la ceinture : il est attaché avec une ficelle sous le menton. Le reste du corps est absolument nu, ainsi que la tête ; quelques-uns cependant ont des chapeaux de paille très bien nattés.

L'habillement des femmes est un manteau de peau de cerf mal tannée. Celles des missions sont dans l'usage d'en faire un petit corset à manches, c'est leur seule parure, avec un petit tablier de jonc, et une jupe de peau de cerf qui couvre leurs reins et descend à mi-jambe. Les jeunes filles au-dessous de neuf ans n'ont qu'une simple ceinture.

Les cheveux des hommes et des femmes sont coupés à 12 ou 15 centimètres de leur racine. Les Indiens des rancheries, n'ayant point d'instruments de fer, font cette opération avec des tisons allumés. Ils sont aussi dans l'usage de se peindre le corps en rouge et en noir lorsqu'ils sont en deuil. Les missionnaires ont proscrit la première de ces peintures, mais ils ont été obligés de tolérer l'autre, parce que ces peuples sont vivement attachés à leurs amis. Ils versent des larmes lorsqu'on leur en rappelle le souvenir, quoiqu'ils les aient perdus depuis longtemps ; ils se croient même offensés si, par inadvertance, on a prononcé leur nom devant eux. Les liens de la famille ont moins de force que ceux de l'amitié. Les enfants reconnaissent à peine leur père, ils abandonnent sa cabane lorsqu'ils sont capables de pourvoir à leur subsistance ; mais ils conservent un plus long attachement pour leur mère, qui les a élevés avec une extrême douceur, et ne les a battus que lorsqu'ils ont montré de la lâcheté dans leurs petits combats contre des enfants du même âge.

Les vieillards des rancheries qui ne sont plus en état de chasser vivent aux dépens de tout leur village, et sont assez généralement considérés. Les sauvages indépendants sont très fréquemment en guerre ; mais la crainte des Espagnols leur fait respecter les missions, et ce n'est peut-être pas une des moindres causes de l'augmentation des villages chrétiens. Leurs armes sont l'arc, et les flèches armées d'un silex très artistement travaillé, ces arcs, en bois et doublés d'un nerf de bœuf, sont très supérieurs à ceux des habitants de la baie des Français.

On nous assura qu'ils ne mangeaient ni leurs prisonniers ni leurs ennemis tués à la guerre ; que cependant, lorsqu'ils avaient vaincu et mis à mort sur le champ de bataille des chefs ou des hommes très courageux, ils en mangeaient quelques morceaux, moins en signe de haine et de vengeance que comme un hommage qu'ils rendaient à leur valeur, dans la persuasion que cette nourriture était propre à augmenter leur courage. Ils enlèvent, comme au Canada, la chevelure des vaincus ; et arrachent leurs yeux, qu'ils ont l'art de préserver de la corruption, et qu'ils conservent précieusement comme des signes de leur victoire. Leur usage est de brûler les morts, et d'en déposer les cendres dans des moraïs.

Ils ont deux jeux qui occupent tous leurs loisirs. Le premier, auquel ils donnent le nom de *takersia*, consiste à jeter et à faire rouler un petit cercle de 50 centimètres de diamètre dans un espace de 20 mètres en carré, nettoyé d'herbe et entoure de fascines. Les deux joueurs tiennent chacun une baguette de la grosseur d'une canne ordinaire, et de

1 mètre 66 centimètres de long. Ils cherchent à faire passer cette baguette dans le cercle pendant qu'il est en mouvement : s'ils y réussissent, ils gagnent deux points, et si le cercle en cessant de rouler, repose simplement sur leur bâton, ils en gagnent un. La partie est en trois points. Ce jeu leur fait faire un violent exercice, parce que le cercle ou les baguettes sont toujours en action.

L'autre jeu, nommé *toussi*, est plus tranquille. On le joue à quatre, deux de chaque côté. Chacun à son tour cache dans une de ses mains un morceau de bois, pendant que son partenaire fait mille gestes pour occuper l'attention des adversaires. Il est assez curieux pour un observateur de les voir accroupis les uns vis-à-vis des autres, gardant le plus profond silence, observant les traits du visage et les plus petites circonstances qui peuvent les aider à deviner la main qui cache le morceau de bois. Ils gagnent ou perdent un point suivant qu'ils ont bien ou mal rencontré, et ceux qui l'ont gagné ont droit de le cacher à leur tour.

La partie est en cinq points. L'enjeu ordinaire est des rassades. Ces Indiens n'ont aucune connaissance d'un dieu ni d'un avenir, à l'exception de quelques nations du Sud qui en avaient une idée confuse avant l'arrivée des missionnaires. Ils plaçaient leur paradis au milieu des mers, où les élus jouissaient d'une fraîcheur qu'ils ne rencontrent jamais dans leurs sables brûlants, et ils supposaient l'enfer dans le creux des montagnes.

Arrivée à Macao. — Description de cette ville. — Son gouvernenent. — Sa population. — Description du village de Marivelle ou Mirabelle. — Mouillage à Cavite.

En quittant Monterey, La Pérouse dirigea sa course vers la Chine, et, après avoir reconnu les Mariannes, il mouilla, le 3 janvier 1787, dans la rade de Macao.

Les Chinois qui nous avaient pilotés devant Macao, dit-il, refusèrent de nous conduire au mouillage du Typa. Ils montrèrent le plus grand empressement à s'en aller avec leurs bateaux, et nous avons appris depuis que, s'ils avaient été aperçus, le mandarin de Macao aurait exigé de chacun d'eux la moitié de la somme qu'ils avaient reçue. Ces sortes de contributions sont assez ordinairement précédées de plusieurs volées de coups de bâton. Ce peuple, dont les lois sont si vantées en Europe, est peut-être le plus malheureux, le plus vexé et le plus arbitrairement gouverné qu'il y ait sur la terre, si toutefois on peut juger du gouvernement chinois par le despotisme du mandarin de Macao.

J'envoyai à terre un canot commandé par M. Boutin, pour prévenir le gouverneur de notre arrivée, et lui annoncer que nous nous proposions de faire quelque séjour dans la rade, afin d'y rafraîchir et d'y reposer nos équipages. M. Bernado Alexis de Lemos, gouverneur de Macao, reçut cet officier de la manière la plus obligeante. Il nous offrit

tous les secours qui dépendaient de lui, et il envoya sur-le-
champ un pilote more pour nous conduire au mouillage du
Typa. Nous appareillâmes le lendemain à la pointe du jour,
et nous laissâmes tomber l'ancre devant la ville de Macao.

Nous mouillâmes à côté d'une flotte française qui venait
de Manille, elle était destinée à naviguer sur les côtes de
l'est, et à y protéger notre commerce. Nous eûmes donc
enfin, après dix-huit mois, le plaisir de rencontrer non
seulement des compatriotes, mais même des camarades et
des connaissances. M. de Richery, commandant du navire,
avait accompagné le pilote more, et nous avait apporté
une quantité considérable de fruits, de légumes, de viande
fraîche, et généralement tout ce qu'il avait supposé pouvoir
être agréable à des navigateurs après une longue traversée.

Mon premier soin, après avoir affourché la frégate, fut
de descendre à terre avec M. de Langle pour remercier le
gouverneur de l'accueil obligeant qu'il avait fait à M. Boutin, et lui demander la permission d'avoir un établissement
à terre, afin d'y dresser un observatoire, et de faire reposer M. Dagelet, que la traversée avait beaucoup fatigué,
ainsi que M. Rollin, notre chirurgien-major, qui, après
nous avoir garantis du scorbut et de toutes les autres maladies par ses soins et ses conseils, aurait lui-même succombé aux fatigues de notre longue navigation, si notre arrivée eût été retardée de huit jours.

M. de Lemos nous reçut comme des compatriotes. Toutes
les permissions furent accordées avec une honnêteté que les
expressions ne peuvent rendre. Sa maison nous fut offerte, et
comme il ne parlait pas français, son épouse, jeune portu-
gaise de Lisbonne, lui servait d'interprète. Elle ajoutait
aux réponses de son mari une grâce, une amabilité qui lui

étaient particulières, et que des voyageurs ne peuvent se flatter de rencontrer que très rarement dans les principales villes de l'Europe.

Comme on est aussi éloigné de la Chine à Macao qu'en Europe par l'extrême difficulté de pénétrer dans cet empire, je n'imiterai pas les voyageurs qui en ont parlé sans avoir pu le connaître, et je me bornerai à décrire les rapports des Européens avec les Chinois, l'extrême humiliation qu'ils éprouvent, la faible protection qu'ils peuvent retirer de l'établissemeut portugais sur la côte de la Chine, l'importance enfin dont pourrait être la ville de Macao pour une nation qui se conduirait avec justice, mais avec fermeté et dignité, contre le gouvernement peut-être le plus injuste, le plus oppresseur, et en même temps le plus lâche qui existe dans le monde.

Les Chinois font avec les Européens un commerce de cinquante millions, dont les deux cinquièmes sont soldés en argent, le reste en draps anglais, en calin de Batavia ou de Malac, en coton de Surate ou de Bengale, en opium de Patna, en bois de sandal, et en poivre de la côte de Malabar. On apporte aussi d'Europe quelques objets de luxe, comme glaces de la plus grande dimension, montrés de Genève, corail, perles fines; mais ces derniers articles doivent à peine être comptés, et ne peuvent être vendus avec quelque avantage qu'en très petite quantité. On ne rapporte en échange de toutes ces richesses que du thé vert ou noir, avec quelques caisses de soie écrue pour les manufactures européennes : car je ne compte pour rien les porcelaines qui lestent les vaisseaux, et les étoffes de soie, qui ne procurent presque aucun bénéfice.

Aucune nation ne fait certainement un commerce aussi

avantageux avec les étrangers, et il n'en est point cependant qui impose des conditions aussi dures, qui multiplie avec plus d'audace les vexations, les gênes de toute espèce. Il ne se boit pas une tasse de thé en Europe qui n'ait coûté une humiliation à ceux qui l'ont acheté à Canton, qui l'ont embarqué, et ont sillonné la moitié du globe pour apporter cette feuille dans nos marchés.

Il m'est impossible de ne pas rapporter qu'un canonnier anglais, faisant un salut par ordre de son capitaine, tua, il y a deux ans, un pêcheur chinois dans un champan qui était venu imprudemment se placer sous la volée de son canon, et qu'il ne pouvait apercevoir. Le santoq ou gouverneur de Canton réclama le canonnier, et ne l'obtint enfin qu'en promettant qu'il ne lui serait fait aucun mal, ajoutant qu'il n'était pas assez injuste pour punir un homicide involontaire. Sur cette assurance le malheureux lui fut livré, et deux heures après il était pendu. L'honneur national eût exigé une vengeance prompte et éclatante, mais des bâtiments marchands n'en avaient pas les moyens, et les capitaines de ces navires, accoutumés à l'exactitude, à la bonne foi, et à la modération qui ne compromet pas les fonds des commettants, ne purent entreprendre une résistance généreuse qui aurait occasionné une perte de 40 millions à la compagnie, dont les vaisseaux seraient revenus à vide.

Les Portugais ont encore plus à se plaindre des Chinois. On sait à quel titre respectacle ils sont possesseurs de Macao. Le don de l'emplacement de cette ville est un monument de la reconnaissance de l'empereur Camhy. Elle fut donnée aux Portugais pour avoir détruit, dans les îles de Canton, les pirates qui infestaient les mers et ravageaient toutes les côtes de la Chine. C'est une vaine déclamation d'attribuer la perte de leurs priviléges à l'abus qu'ils en ont fait. Leurs crimes sont dans la faiblesse de leur gouvernement. Chaque jour les Chinois leur ont fait de nouvelles injures, à chaque instant ils ont annoncé de nouvelles prétentions. Le gouvernement portugais n'y a jamais opposé la moindre résistance, et cette place, d'où une nation européenne qui aurait un peu d'énergie imposerait à l'empereur de la Chine, n'est plus en quelque sorte qu'une ville chinoise dans laquelle les Portugais sont soufferts, quoiqu'ils aient le droit incontestable d'y commander, et les moyens de s'y faire craindre, s'ils y entretenaient seulement une garnison de deux mille Européens, avec deux frégates, quelques corvettes et une galiote à bombes.

Macao, située à l'embouchure du Tigre, peut recevoir dans sa rade, à l'entrée du Typa, des vaisseaux de soixante-quatre canons, et dans son port, qui est sous la ville, et communique avec la rivière en remontant dans l'est, des vaisseaux de sept à huit cents tonneaux à moitié chargés.

L'entrée de ce port est défendue par une forteresse à deux batteries, qu'il faut ranger, en entrant, à une portée de pistolet. Trois petits forts, dont deux armés de douze canons, et un de six, garantissent la partie méridionale de la ville de toute entreprise chinoise. Ces fortifications, qui sont dans le plus mauvais état, seraient peu redoutables à des Européens; mais elles peuvent imposer à toutes les forces maritimes des Chinois. Il y a de plus une montagne qui domine la plage, et sur laquelle un détachement pourrait soutenir un très long siége. Les Portugais de Macao, plus religieux que militaires, ont bâti une église sur les ruines d'un fort qui couronnait cette montagne et formait un poste inexpugnable.

Le côté de la terre est défendu par deux forteresses. L'une est armée de quarante canons, et peut contenir mille hommes de garnison; elle a une citerne, deux sources d'eaux vives, et des casemates pour renfermer les munitions de guerre et de bouche. L'autre forteresse, sur laquelle on compte trente canons, ne peut comporter plus de trois cents hommes; elle a une source qui est très abondante et ne tarit jamais. Ces deux citadelles commandent tout le pays. Les limites portugaises s'étendent à peine à une lieue de distance de la ville. Elles sont bordées d'une muraille gardée par un mandarin avec quelques soldats. Ce mandarin est le vrai gouverneur de Macao, celui auquel obéissent les Chinois. Il n'a pas le droit de coucher dans l'enceinte des limites, mais il peut visiter la place et même les fortifications, inspecter les douanes, etc.; dans ces occasions, les Portugais doivent un salut de cinq coups de canon. Mais aucun Européen ne peut faire un pas sur le territoire chinois au-delà de la muraille; une imprudence le mettrait à la discrétion des Chinois, qui pourraient où le retenir prisonnier, ou exiger de lui une grosse somme. Quelques officiers de nos frégates s'y sont cependant exposés, et cette petite légèreté n'a eu aucune suite fâcheuse.

La population entière de Macao peut être évaluée à vingt mille âmes, dont cent Portugais de naissance, sur deux mille métis ou Portugais indiens, autant d'esclaves cafres qui leur servent de domestiques; le reste est Chinois, et s'occupe du commerce et de différents métiers qui rendent ces mêmes Portugais tributaires de leur industrie. Ceux-ci, quoique presque tous mulâtres, se croiraient déshonorés s'ils exerçaient quelque art mécanique et faisaient ainsi subsister leur famille; mais leur amour-propre n'est pas révolté de solliciter sans cesse et avec importunité la charité des passants.

Le vice-roi de Goa nomme à toutes les places civiles et militaires de Macao. Le gouverneur est de son choix; ainsi que tous les sénateurs, qui partagent l'autorité civile. La garnison est de cent quatre-vingts cipayes indiens et cent vingt hommes de milice. Leur service consiste à faire la nuit des patrouilles. Les soldats sont armés de bâtons, l'officier seul a droit d'avoir une épée; mais, dans aucun cas, il ne peut en faire usage contre un Chinois. Si un voleur de cette nation est surpris enfonçant une porte, ou enlevant quelque effet, il faut l'arrêter avec la plus grande précaution, et si le soldat, en se défendant contre le voleur, a le malheur de le tuer, il est livré au gouverneur chinois, et pendu au milieu de la place du marché, en présence de cette même garde dont il faisait partie, d'un magistrat portugais, et de deux mandarins chinois, qui, après l'exécution, sont salués du canon en sortant de la ville, ainsi qu'ils l'ont été en y entrant; mais si au contraire un Chinois tue un Portugais, il est remis entre les mains des juges de sa nation, qui, après l'avoir spolié, font semblant de remplir les autres formalités de la justice, mais le laissent s'évader, très indifférents sur les réclamations qui leur sont faites, et qui n'ont jamais été suivies d'aucune satisfaction.

Les Portugais ont fait, dans ces derniers temps, un acte de vigueur qui sera gravé sur l'airain dans les fastes du sénat. Un cipaye ayant tué un Chinois, ils le firent fusiller eux-mêmes, en présence des mandarins, et refusèrent de soumettre la décision de cette affaire au jugement des Chinois.

L'aspect de Macao est très riant. Il reste de son ancienne

opulence plusieurs belles maisons, louées aux subrécargues de différentes compagnies, qui sont obligés de passer l'hiver à Macao, les Chinois les forçant de quitter Canton lorsque le dernier vaisseau de leur nation en est parti, et ne leur permettant d'y retourner qu'avec les vaisseaux qui arrivent d'Europe à la mousson suivante.

Le séjour de Macao est très agréable pendant l'hivernage, parce que les différents subrécargues sont généralement d'un mérite distingué, très instruits, et qu'ils ont un traitement assez considérable pour tenir une excellente maison. L'objet de notre mission nous a valu de leur part l'accueil le plus obligeant : nous aurions été presque orphelins si nous n'eussions en que le titre de Français, notre compagnie n'ayant encore aucun représentant à Macao.

Nous partîmes de Macao le 5 février à huit heures du matin, avec un vent du nord qui nous aurait permis de passer entre les îles, si j'eusse eu un pilote ; mais, voulant épargner cette dépense ; qui est assez considérable, je suivis la route ordinaire ; et je passai au sud de la grande Ladrone. Nous avions embarqué sur chaque frégate six matelots chinois ; en remplacement de ceux que nous avions eu le malheur de perdre, lors du naufrage de nos canots.

Ce peuple est si malheureux, que, malgré les lois de cet empire, qui défendent, sous peine de la vie, d'en sortir, nous aurions pu enrôler en une semaine deux cents hommes, si nous en eussions eu besoin.

Les renseignements qu'on m'avait donnés à Macao sur la meilleure route à suivre jusqu'à Manille étaient peu satisfaisants, et des vents continuellement contraires nous rendirent cette traversée plus difficile encore.

Comme nous manquions de bois, et que je savais qu'il est
très cher à Manille, je me décidai à passer vingt-quatre
heures à Marivelle pour en faire quelques cordes, et le lendemain, à la pointe du jour, nous envoyâmes à terre tous
les charpentiers des deux frégates avec nos chaloupes. Je des-
tinai en même temps nos petits canots à sonder la baie. Le
reste de l'équipage, avec le grand canot, fut réservé pour
une partie de pêche dans l'anse du village, qui paraissait
sablonneuse et commode pour étendre la seine ; mais c'était
une illusion : nous y trouvâmes des rochers et un fond si
plat à deux encablures du rivage, qu'il était impossible d'y
pêcher. Nous ne retirâmes d'autre fruit de nos fatigues que
quelque bécasses épineuses, assez bien conservées, que
nous ajoutâmes à la collection de nos coquilles. Vers midi,
je descendis au village. Il est composé d'environ quarante
maisons construites en bambou, couvertes en feuilles, et
élevées d'environ 1 mètre 33 centimètres au-dessus de la
terre. Ces maisons ont pour parquet de petits bambous qui
ne joignent point, et qui font assez ressembler ces cabanes
à des cages d'oiseau. On y monte par une échelle, et je ne
crois pas que tous les matériaux d'une pareille maison, le
faîtage compris, pèsent deux cents livres.

En face de la principale rue est un grand édifice en
pierre de taille, mais presque entièrement ruiné ; on voyait
cependant encore deux canons de fonte à des fenêtres qui
servaient d'embrasures.

Nous apprîmes que cette masure était la maison du curé,
l'église et le fort, mais que tous ces titres n'avaient pas
imposé aux Mores des îles méridionales des Philippines,
qui s'en étaient emparés en 1780, avaient brûlé le village,
incendié et détruit le fort, l'église, le presbytère, avaient

fait esclaves tous les Indiens qui n'avaient pas eu le temps de fuir, et s'étaient retirés avec leurs captifs sans être inquiétés. Cet événement a si fort effrayé cette peuplade qu'elle n'ose se livrer à aucun genre d'industrie. Les terres y sont presque toutes en friche, et cette paroisse est si pauvre, que nous n'y avons pu acheter qu'une douzaine de poules avec un petit cochon. Le curé nous vendit un jeune bœuf, en nous assurant que c'était la huitième partie de l'unique troupeau qu'il y eût dans la paroisse, dont les terres sont labourées par des buffles.

Ce pasteur était un jeune mulâtre indien, qui habitait la masure que j'ai décrite. Quelques pots de terre et un grabat composaient son ameublement. Il nous dit que sa paroisse contenait environ deux cents personnes des deux sexes et de tout âge, prêtes à la moindre alerte, à s'enfoncer dans les bois pour échapper à ces Mores, qui font encore sur cette côte de fréquentes descentes. Ils sont si audacieux, et leurs ennemis si peu vigilants, qu'ils pénètrent souvent jusqu'au fond de la baie de Manille. Pendant le court séjour que nous avons fait depuis à Cavite, sept ou huit Indiens ont été enlevés dans leurs pirogues à moins d'une lieue de l'entrée du port. On nous a assuré que des bateaux de Cavite à Manille étaient pris par ces mêmes Mores, quoique ce trajet soit en tout comparable à celui de Brest à Landerneau par mer. Ils font ces expéditions dans des bâtiments à rames très légers. Les Espagnols leur opposent une armadille de galères qui ne marchent point, et ils n'en ont jamais pris aucun.

Le premier officier après le curé, est un Indien qui porte le nom pompeux d'alcade, et qui jouit du suprême honneur de porter une canne à pomme d'argent. Il paraît exercer une grande autorité sur les Indiens : aucun n'avait le droit de nous vendre une poule sans permission, et sans qu'il en eût fixé le prix. Il jouissait aussi du funeste privilége de vendre seul, au compte du gouvernement, le tabac à fumer, dont ces Indiens font un très grand et continuel usage. Cet impôt n'est établi que depuis peu d'années. La classe la plus pauvre du peuple peut à peine en supporter le poids ; il a déjà occasionné plusieurs révoltes, et je serais peu surpris qu'il eût un jour les mêmes suites que celui sur le thé et le papier timbré dans l'Amérique septentrionale. Nous vîmes chez le curé trois petites gazelles qu'il destinait au gouverneur de Manille, et qu'il refusa de nous vendre, nous n'avions d'ailleurs aucun espoir de les conserver. Ce petit animal est très délicat, il n'excède pas la grosseur d'un fort lapin. Le mâle est la femelle sont absolument la miniature du cerf et de la biche.

Nos chasseurs aperçurent dans les bois les plus charmants oiseaux, variés des plus vives couleurs ; mais ces forêts sont impénétrables à cause des lianes dont tous les arbres sont entrelacés : aussi leur chasse fut peu abondante, parce qu'ils ne pouvaient tirer que sur la lisière du bois. Nous achetâmes dans le village des *Tourterelles-à-Coup-de-Poignards :* on leur a donné ce nom parce qu'elles ont au milieu de la poitrine une tache rouge qui ressemble exactement à une blessure faite par un coup de couteau.

Enfin, à l'entrée de la nuit nous nous embarquâmes, et disposâmes tout pour l'appareillage du lendemain. Un bâtiment espagnol que nous avions aperçu le 23 avait pris comme nous le parti de relâcher à Marivelle, et d'attendre des brises plus modérées. Je lui fis demander un pilote. Le capitaine m'envoya son contre-maître, vieil Indien, qui m'inspira peu de confiance. Nous convînmes cependant que je lui donnerais quinze piastres pour nous conduire à Cavite. Le 25, à la pointe du jour, nous mîmes à la voile, et le 28 nous mouillâmes dans le port de Cavite, à deux encablures de la ville.

Arrivée à Cavite. — Détails sur Cavite et sur son arsenal. — Description de Manille et de ses environs. — La population. — Impôt sur le tabac.

Nous avions à peine mouillé à l'entrée du port de Cavite, qu'un officier vint à bord, de la part du commandant de cette place, pour nous prier de ne pas communiquer avec la terre jusqu'à l'arrivée des ordres du gouverneur-général, auquel il se proposait de dépêcher un courrier dès qu'il serait informé des motifs de notre relâche. Nous répondimes que nous désirions des vivres et la permission de réparer nos frégates pour continuer notre campagne le plus promptement possible. Mais avant le départ de l'officier espagnol, le commandant de la baie arriva de Manille, où l'on avait aperçu nos vaisseaux. Il nous apprit qu'on y était informé de notre arrivée dans les mers de la Chine, et que les lettres du ministre d'Espagne nous avaient annoncés au gouverneur-général depuis plusieurs mois. Cet officier

ajouta que la saison permettait de mouiller devant Manille,
où nous trouverions réunis tous les agréments et toutes les
ressources qu'il est possible de se procurer aux Philippines; mais nous étions à l'ancre devant un arsenal, à
à une portée de fusil de terre, et nous eûmes peut-être
l'impolitesse de laisser connaître à cet officier que rien ne
pouvait compenser ces avantages. Il voulut bien permettre
que M. Boutin, lieutenant de vaisseau, s'embarquât dans
son canot pour aller rendre compte de notre arrivée au
gouverneur-général, et le prier de donner des ordres afin
que nos différentes demandes fussent remplies avant le 5
avril, le plan ultérieur de notre voyage exigeant que les
deux frégates fussent sous voiles le 10 du même mois.
M. Basco, brigadier des armées navales, gouverneur-général de Manille, fit le meilleur accueil à l'officier que je lui
avais envoyé, et donna les ordres les plus formels pour
pour que rien ne pût retarder notre départ. Il écrivit aussi
au commandant de Cavite de nous permettre de communiquer avec la place, et de nous y procurer les secours et les
agréments qui dépendaient de lui.

Le retour de M. Boutin, chargé des dépêches de M. Basco,
nous rendit tous citoyens de Cavite. Nos vaisseaux étaient
si près de terre, que nous pouvions descendre et revenir à
bord à chaque minute. Nous jouissions d'une liberté aussi
entière que si nous avions été à la campagne, et nous trouvions, au marché et dans l'arsenal, les mêmes ressources
que dans un des meilleurs ports de l'Europe.

Cavite, à trois lieues dans le sud-ouest de Manille, était
autrefois un lieu assez considérable; mais, aux Philippines
comme en Europe, les grandes villes pompent en quelque
sorte les petites, et il n'y reste plus aujourd'hui que le

commandant de l'arsenal, un contador, deux lieutenants de port, le commandant de la place, cent cinquante hommes de garnison, et les officiers attachés à cette troupe.

Tous les autres habitants sont métis ou Indiens, attachés à l'arsenal, et forment, avec leur famille, qui est ordinairement très nombreuse, une population de 4,000 âmes, réparties dans la ville et dans le faubourg Saint-Roch. On y compte deux paroisses, et deux couvents occupés par quelques religieux. Les jésuites y possédaient autrefois une très belle maison : la compagnie de commerce nouvellement établie par le gouvernement s'en est emparée. En général on n'y voit plus que des ruines. Les anciens édifices en pierres sont abandonnés, ou occcupés par des Indiens qui ne les réparent point, et Cavite, la seconde ville des Philippines, la capitale d'une province de son nom, n'est aujourd'hui qu'un méchant village où il ne reste d'autres Espagnols que des officiers militaires ou d'administration. Mais si la ville n'offre aux yeux qu'un monceau de ruines, il n'en est pas de même du port, qui est bien tenu. Tous les ouvriers sont Indiens, et il y a absolument les mêmes ateliers que ceux qu'on voit dans nos arsenaux d'Europe.

Le surlendemain de notre arrivée à Cavite, nous nous embarquâmes pour la capitale avec M. de Langle. Nous étions accompagnés de plusieurs officiers. Nous employâmes deux heures et demie à faire ce trajet dans nos canots, qui étaient armés de soldats, à cause des Mores dont la baie de Manille est souvent infestée. Nous fîmes notre première visite au gouverneur, qui nous retint à dîner, et nous donna son capitaine des gardes pour nous conduire chez monseigneur l'archevêque, M. l'Intendant, et les différents Oidores.

Ce ne fut pas pour nous une des journées les moins fati-
gantes de la campagne. La chaleur était extrême, et nous
étions à pied, dans une ville où tous les citoyens ne sor-
tent qu'en voiture. Mais on n'en trouve pas à louer, comme
à Batavia, et sans M. Sebier, négociant français, qui,
informé par hasard de notre arrivée à Manille, nous envoya
son carrosse, nous aurions été obligés de renoncer aux différentes visites que nous nous étions proposé de faire.

La ville de Manille, y compris ses faubourgs, est très
considérable. On évalue sa population à 38,000 âmes,
parmi lesquelles on compte à peine 1,000 ou 1,200 Espagnols; les autres sont métis, Indiens ou Chinois, cultivant
tous les arts, et s'exerçant à tous les genres d'industrie.
Les familles espagnoles les moins riches ont une ou plusieurs voitures. Deux très beau chevaux coûtent trente
piastres, leur nourriture et les gages d'un cocher six piastres
par mois. Il n'est aucun pays où la dépense d'un carrosse
soit moins considérable, et en même temps plus nécessaire. Les environs de Manille sont ravissants. La plus belle
rivière y serpente, et se divise en différents canaux, dont
les deux principaux conduisent à cette fameuse lagune ou
lac de Bay, qui est à sept lieues dans l'intérieur, bordé
de plus de cent villages indiens, situé au milieu du territoire le plus fertile.

Manille, bâtie sur le bord de la baie de son nom, qui
a plus de vingt-cinq lieues de tour, est à l'embouchure
d'une rivière, navigable jusqu'au lac d'où elle tire sa source.
C'est peut-être la ville de l'univers la plus heureusement
située. Tous les comestibles s'y trouvent dans la plus grande
abondance et au meilleur marché; mais les habillements,
les quincailleries d'Europe, les meubles, s'y vendent à un

prix excessif. Le défaut d'émulation, les prohibitions, les gênes de toute espèce mises sur le commerce, y rendent les productions et les marchandises de l'Inde et de la Chine au moins aussi chères qu'en Europe.

Je ne craindrais pas d'avancer qu'une très grande nation qui n'aurait pour colonie que les îles Philippines, et qui y établirait le meilleur gouvernement qu'elles puissent compter, pourrait voir sans envie tous les établissements européens de l'Afrique et de l'Amérique.

Trois millions d'habitants peuplent ces différentes îles, et celle de Luçon en contient à peu près le tiers. Ces peuples ne m'ont paru en rien inférieurs à ceux d'Europe. Ils cultivent la terre avec intelligence, sont charpentiers, menuisiers, forgerons, orfèvres, tisserands, maçons, etc. J'ai parcouru leurs villages. Je les ai trouvés bons, hospitaliers, affables, et quoique les Espagnols en parlent avec mépris et les traitent de même, j'ai reconnu que les vices qu'ils mettent sur le compte des Indiens doivent être imputés au gouvernement qu'ils ont établi parmi eux. On sait que l'avidité de l'or, et l'esprit de conquête dont les Espagnols et les Portugais étaient animés, il y a deux siècles, faisaient parcourir à des aventuriers de ces deux nations les différentes mers et les îles des deux hémisphères, dans la seule vue d'y rencontrer ce riche métal.

Quelques rivières aurifères, et le voisinage des épiceries, déterminèrent sans doute les premiers établissements des Philippines; mais le produit ne répondit pas aux espérances qu'on avait conçues. A l'avarice de ces motifs on vit succéder l'enthousiasme de la religion. Un grand nombre de religieux de tous les ordres furent envoyés pour y prêcher le christianisme, et la moisson fut si abondante, que l'on compta bientôt 8 ou 900 chrétiens dans ces différentes îles. Si ce zèle avait été dirigé par une saine politique, les Espagnols auraient pu s'assurer leur conquête et rendre cet établissement utile à la métropole ; mais une avarice sordide a paralysé les efforts de la religion, qui ne dut plus que se renfermer dans la douce morale de son divin instituteur.

Ce peuple naturellement paresseux, abruti par l'influence d'un climat brûlant, regarde la vie comme un passage et les biens de ce monde comme des inutilités dont il doit retrancher le superflu. Ainsi, lorsque tous les habitants ont la quantité de riz, de sucre, de légumes, nécessaire à leur subsistance, le reste n'est plus d'aucun prix. On a vu, dans ces circonstances, le sucre être vendu moins d'un sou la livre, et le riz rester sur la terre sans être récolté. Je crois qu'il serait difficile à la société la plus dénuée de lumières d'imaginer un système de gouvernement plus absurde que celui qui régit ces colonies depuis deux siècles. Le port de Manille, qui devrait être franc et ouvert à toutes les nations, a été, jusque dans ces derniers temps, fermé aux Européens, et ouvert seulement à quelques Mores, Arméniens, ou Portugais de Goa. L'autorité la plus despotique est confiée au gouverneur. L'audience, qui devrait la modérer, est sans pouvoir devant la volonté du représentant du gouvernement espagnol. Il peut, non de droit, mais de fait, recevoir ou confisquer les marchandises des étrangers que l'espoir d'un bénéfice a conduits à Manille, et qui ne s'y exposent que sur l'apparence d'un très gros profit, ce qui est ruineux, à la vérité, pour les consommateurs. On n'y jouit d'aucune liberté : les oidores surveillent toutes les affaires particulières, le gouverneur, les démarches les plus innocentes ; une promenade dans l'intérieur de l'ile, une conversation, sont du ressort de sa juridiction. Enfin, le plus beau et le plus charmant pays de l'univers est certainement le dernier qu'un homme libre voulût habiter.

Les distinctions les plus révoltantes sont établies et maintenues avec la plus grande sévérité. Le nombre des chevaux attelés aux voitures est fixé pour chaque état, les cochers doivent s'arrêter devant le plus grand nombre, et le seul caprice d'un oidore peut retenir en file derrière sa voiture toutes celles qui ont le malheur de se trouver sur le même chemin. Tant de vices dans ce gouvernement, tant de vexations qui en sont la suite, n'ont cependant pu anéantir entièrement les avantages du climat. Les paysans ont encore un air de bonheur qu'on ne rencontre pas dans nos villages d'Europe. Leurs maisons sont d'une propreté admirable, ombragées par des arbres fruitiers qui croissent sans culture. L'impôt que paie chaque chef de famille est très modéré : il se borne à cinq réaux et demi, en y comprenant les droits de l'église, que la nation perçoit.

Le peuple a une passion si immodérée pour le tabac, qu'il n'est pas d'instant dans la journée ou un homme ou une femme n'ait un cigarre à la bouche. Les enfants à peine sortis du berceau contractent cette habitude. Le tabac de l'ile de Luçon est le meilleur de l'Asie. Chacun en cultivait autour de sa maison pour sa consommation, et le petit nombre de bâtiments étrangers qui avaient la permission d'aborder à Manille en transportaient dans toutes les parties de l'Inde.

Une loi prohibitive vient d'être promulguée ; le tabac de chaque particulier a été arraché, et confiné dans des champs où on ne le cultive plus qu'au profit de la nation. On en a fixé le prix à une demi-piastre la livre, et quoique la consommation en soit prodigieusement diminuée, la solde de la journée d'un manœuvre ne suffit pas pour procurer à sa famille le tabac qu'elle consomme chaque jour.

La terre aux Philippines ne se refuse à aucune des productions les plus précieuses. Neuf cent mille individus dans l'île de Luçon, peuvent être encouragés à la cultiver. Ce climat permet de faire dix récoltes de soie par an, tandis que celui de la Chine laisse à peine l'espérance de deux.

Le coton, l'indigo, les cannes à sucre, le café, naissent sans culture sous les pas de l'habitant, qui les dédaigne. Tout annonce que les épiceries n'y seraient pas inférieures à celles des Moluques.

Nous ne passâmes que quelques heures à Manille, et le gouverneur ayant pris congé de nous aussitôt après le dîner pour faire sa sieste, nous eûmes la liberté d'aller chez M. Sebier, qui nous rendit les services les plus essentiels pendant notre séjour dans la baie de Manille. Nous rentrâmes dans nos canots à six heures du soir, et fûmes de retour à bord de nos frégates à huit heures.

Nos vivres avaient été embarqués à l'époque que nous avions déterminée et tous nos travaux étaient finies; mais la semaine sainte qui suspend toute affaire à Manille, occasionna quelque retard dans nos provisions particulières, et je fus forcé de fixer mon départ au lundi d'après Pâques.

Avant de mettre à la voile, je crus devoir aller avec M. de Langle faire nos remercîments au gouverneur-général de la célérité avec laquelle ses ordres avaient été exécutés, et plus particulièrement encore à l'intendant, de qui nous avions reçu tant de marques d'intérêt et de bienveillance.

Ces devoirs remplis, nous profitâmes l'un et l'autre d'un séjour de quarante-huit heures chez M. Sebier pour aller visiter en canot ou en voiture les environs de Manille. On n'y rencontre ni superbes maisons, ni parcs, ni jardins; mais la nature y est si belle, qu'un simple village indien sur le bord de la rivière, une maison européenne, entourée de quelques arbres, forment un coup d'œil plus pittoresque que celui de nos plus magnifiques châteaux, et l'imagination la moins vive se peint toujours le bonheur à côté de cette riante simplicité. Les Espagnols sont presque tous dans l'usage d'abandonner le séjour de la ville après les fêtes de Pâques, et de passer la saison brûlante à la campagne. Ils n'ont pas cherché à embellir un pays qui n'avait pas besoin d'art : une maison propre et spacieuse, bâtie sur le bord de l'eau, avec des bains très commodes, d'ailleurs sans avenues, sans jardins, mais ombragée de quelques arbres fruitiers, voilà la demeure des citoyens les plus riches, et ce serait un des lieux de la terre les plus agréables à habiter, si un gouvernement plus modéré et quelques préjugés de moins assuraient davantage la liberté civile de chaque habitant.

Relâche à la baie de Ternay; détails sur le pays —
Relâche à la baie de Suffren. — Relâche à la baie
de Langle. — Mœurs et coutumes des habitants.

Après une pénible navigation dans la mer du Japon,
nous arrivâmes, le 11 juin, en vue de la côte de Tartarie.

Le point de la côte sur lequel nous atterrîmes est précisément celui qui sépare la Corée de la Tartarie des Mantchoux.
C'est une terre très élevée, que nous aperçûmes à vingt lieues
de distance. Les montagnes, sans avoir l'élévation de celles
des côtes de l'Amérique, ont au moins 14 ou 1,500 mètres
de hauteur. La côte était très escarpée, mais couverte d'arbres
et de verdure. On apercevait sur la cime des plus hautes
montagnes de la neige, mais en très petite quantité; on n'y
voyait d'ailleurs aucune trace de culture ni d'habitation, et
nous pensâmes que les Tartares Mantchoux, qui sont nomades
et pasteurs, préféraient à ces bois et à ces montagnes, des
plaines et des vallons où leurs troupeaux trouvaient une
nourriture plus abondante. Dans cette longueur de côtes de
plus de quarante lieues, nous ne rencontrâmes l'embouchure
d'aucune rivière.

Les journées du 15 et du 16 furent très brumeuses. Nous
nous éloignâmes peu de la côte de Tartarie, et nous er
avions connaissance dans les éclaircies; mais ce derniei
jour sera marqué dans notre journal par l'illusion la plus
complète dont j'aie été témoin depuis que je navigue.

Le plus beau ciel succéda, à quatre heures du soir, à la
brume la plus épaisse : nous découvrîmes le continent,

qui s'étendait de l'ouest au nord-est, et peu après, dans le
sud, une grande terre qui allait joindre la Tartarie vers
l'ouest, ne laissant pas entre elle et le continent une ouverture de 15 degrés. Nous distinguions les montagnes, les
ravins, enfin tous les détails du terrain, et nous ne pouvions
pas concevoir par où nous étions entrés dans ce détroit, qui
ne pouvait être que celui de Tessoy, à la recherche duquel
nous avions renoncé. Dans cette situation, je crus devoir
serrer le vent et gouverner au sud-sud-est. Mais bientôt ces
mornes, ces ravins disparurent. Le banc de brume le plus
extraordinaire que j'eusse jamais vu avait occasionné notre
erreur. Nous le vîmes se dissiper : ses formes, ses teintes,
s'élevèrent, se perdirent dans la région des nuages, et nous
eûmes encore assez de jour pour qu'il ne nous restât aucune
incertitude sur l'inexistence de cette terre fantastique. Je fis
route toute la nuit sur l'espace de mer qu'elle avait paru
occuper, et, au jour, rien ne se montra à nos yeux. L'ho-
rizon était cependant si étendu, que nous voyions parfaitement la côte de Tartarie, éloignée de plus de quinze lieues
Je fis route pour l'approcher ; mais à huit heures du matin
la brume nous environna.

Depuis que nous prolongions la terre, nous n'avions vu
aucune trace d'habitation, pas une seule pirogue ne s'était
détachée de la côte, et ce pays, quoique couvert des plus
beaux arbres qui annoncent un sol fertile, semble être dé-
daigné des Tartares et des Japonais. Ces peuples pourraient
y former de brillantes colonies ; mais la politique de ces
derniers est d'empêcher toute émigration et toute communication avec les étrangers : ils comprennent sous cette
dénomination les Chinois comme les Européens.

Le 23, je fis route pour une baie que je voyais dans l'ouestnord-ouest, et où il était vraisemblable que nous trouverions un bon mouillage. Nous y laissâmes tomber l'ancre à six heures du soir, à une demi-lieue du rivage. Je la nommai baie de Ternay.

Partis de Manille depuis soixante-quinze jours, nous avions, à la vérité, prolongé les côtes de l'île Quelpaert, de la Corée, du Japon; mais ces contrées étant habitées par des peuples barbares envers les étrangers, nous n'avions pu songer à y relâcher. Nous savions au contraire que les Tartares étaient hospitaliers, et nos forces suffisaient d'ailleurs pour imposer aux petites peuplades que nous pouvions rencontrer sur le bord de la mer. Nous brûlions d'impatience d'aller reconnaître cette terre dont notre imagination était occupée depuis notre départ de France : c'était la seule partie du globe qui eût échappé à l'activité infatigable du capitaine Cook, et nous devons peut-être au funeste événement qui a terminé ses jours le petit avantage d'y avoir abordé les premiers. Il nous était prouvé qu'aucun vaisseau n'avait jamais navigué sur la côte de Tartarie, et nous nous flattions de trouver dans le cours de cette campagne de nouvelles preuves de cette vérité.

Cinq petites anses semblables aux côtés d'un polygone régulier forment le contour de cette rade ; elles sont séparées entre elles par des coteaux couverts d'arbres jusqu'à la cime. Le printemps le plus frais n'a jamais offert en France des nuances d'un vert si vigoureux et si varié, et quoique nous n'eussions aperçu, depuis que nous prolongions la côte, ni une seule pirogue ni un seul feu, nous ne pouvions croire qu'un pays qui paraissait aussi fertile, à une si grande proximité de la Chine, fût sans habitants. Avant que nos canots eussent débarqué, nos lunettes étaient tournées vers le rivage ; mais nous n'apercevions que des cerfs et des ours qui paissaient tranquillement sur le bord de la mer. Cette vue augmenta l'impatience que chacun avait de descendre. Les armes furent préparées avec autant d'activité que si nous eussions eu à nous défendre contre des ennemis, et, pendant qu'on faisait ces dispositions, des matelots pêcheurs avaient déjà pris à la ligne douze ou quinze morues. Les habitants des villes se peindraient difficilement les sensations que les navigateurs éprouvent à la vue d'une pêche abondante. Les vivres frais sont des besoins pour tous les hommes, et les moins savoureux sont bien plus salubres que les viandes salées le mieux conservées.

Je donnai ordre aussitôt d'enfermer les salaisons et de les garder pour des circonstances moins heureuses. Je fis préparer des futailles pour les remplir d'une eau fraîche et limpide qui coulait en ruisseau dans chaque anse, et j'envoyai chercher des herbes potagères dans les prairies, où l'on trouva une immense quantité de petits oignons, du céleri et de l'oseille. Le sol était tapissé des mêmes plantes qui croissent dans nos climats, mais plus vertes et plus vigoureuses. La plupart étaient en fleur. On rencontrait à chaque pas des roses, des lis jaunes, des lis rouges, des muguets, et généralement toutes nos fleurs des prés. Les pins couronnaient le sommet des montagnes ; les chênes ne commençaient qu'à mi-côte, et ils diminuaient de grosseur et de vigueur à mesure qu'ils approchaient de la mer. Les bords des rivières et des ruisseaux étaient plantés de saules, de bouleaux, d'érables, et sur la lisière des grands bois on voyait des pommiers et des azeroliers en fleurs, avec des massifs de noisetiers dont les fruits commençaient à se nouer.

Notre surprise redoublait lorsque nous songions qu'un

excédant de population surcharge le vaste empire de la Chine au point que les lois n'y sévissent pas contre les pères assez barbares pour noyer et détruire leurs enfants, et que ce peuple, dont on vante tant la police, n'ose point s'étendre au-delà de sa muraille pour tirer sa subsistance d'une terre dont il faudrait plutôt arrêter que provoquer la végétation. Nous trouvions, à la vérité, à chaque pas, des traces d'hommes marquées par des destructions. Plusieurs arbres étaient coupés avec des instruments tranchants, les vestiges des ravages du feu paraissaient en vingt endroits, et nous aperçûmes quelques abris qui avaient été élevés par des chasseurs au coin du bois. On rencontrait aussi de petits paniers d'écorce de bouleau, cousus avec du fil, et absolument semblables à ceux des Indiens du Canada, des raquettes propres à marcher sur la neige. Tout enfin nous fit juger que les Tartares s'approchent des bords de la mer dans la saison de la pêche et de la chasse; qu'en ce moment ils étaient rassemblés en peuplades le long des rivières, et que le gros de la nation vivait dans l'intérieur des terres, sur un sol peut-être plus propre à la multiplication de ses immenses troupeaux.

Trois canots des deux frégates, remplis d'officiers et de passagers, abordèrent dans l'anse aux Ours à six heures et demie, et à sept heures ils avaient déjà tiré plusieurs coups de fusil sur différentes bêtes sauvages, qui s'étaient très promptement enfoncées dans les bois. Trois jeunes faons furent seuls victimes de leur inexpérience; la joie bruyante de nos nouveaux débarqués aurait dû leur faire gagner des bois inaccessibles dont ils étaient peu éloignés. Ces prairies si ravissantes à la vue ne pouvaient presque pas être traversées. L'herbe épaisse y était élevée de trois ou quatre pieds, en sorte qu'on s'y trouvait comme noyé, et dans l'impossibilité de diriger sa route. On avait d'ailleurs à craindre d'y être piqué par des serpents, dont nous avions rencontré un grand nombre sur le bord des ruisseaux , quoique nous n'eussions fait aucune expérience sur la qualité de leur venin. Cette terre n'était donc pour nous qu'une magnifique solitude ; les plages de sable du rivage étaient seules praticables, et partout ailleurs on ne pouvait qu'avec des fatigues incroyables traverser les plus petits espaces. La passion de la chasse les fit cependant franchir à M. de Langle et à plusieurs autres officiers naturalistes, mais sans aucun succès, et nous pensâmes qu'on n'en pouvait obtenir qu'avec une extrême patience, dans un grand silence, et en se postant à l'affût sur le passage des ours et des cerfs, marqué par leurs traces.

Ce plan fut arrêté pour le lendemain. Il était cependant d'une exécution difficile, et l'on ne fait guère dix mille lieues par mer pour aller se morfondre dans l'attente d'une proie au milieu d'un marais rempli de maringouins. Nous en fîmes néanmoins l'essai le 25 au soir, après avoir inutilement couru toute la journée. Mais chacun ayant pris son poste à neuf heures, et à dix heures, instant auquel, selon nous, les ours auraient dû arriver, rien n'ayant paru, nous fûmes obligés d'avouer généralement que la pêche nous convenait mieux que la chasse. Nous y obtînmes effectivement plus de succès. Chacune des cinq anses qui forment le contour de la baie de Ternay offrait un lieu commode pour étendre la seine, et avait un ruisseau auprès duquel notre cuisine était établie. Les poissons n'avaient qu'un saut à faire des bords de la mer dans nos marmites. Nous prîmes des morues, des grondeurs, des truites, des saumons, des harengs, des plies. Nos équipages en eurent abondamment à chaque

repas. Ce poisson, et les différentes herbes qui l'assaisonnè-
rent, pendant trois jours de notre relâche, furent au moins
un préservatif contre les atteintes du scorbut, car personne
de l'équipage n'en avait eu jusqu'alors aucun symptôme,
malgré l'humidité froide occasionnée par des brumes presque continuelles, que nous avions combattues avec des bra-
siers placés sous les hamacs des matelots lorsque le temps
ne permettait pas de faire branle-bas.

Ce fut à la suite d'une de ces parties de pêche que nous
découvrîmes sur le bord d'un ruisseau un tombeau tartare
placé à côté d'une case ruinée, et presque enterré dans
l'herbe. Notre curiosité nous porta à l'ouvrir, et nous y
vîmes deux personnes placées l'une à côté de l'autre. Leurs
têtes étaient couvertes d'une calotte de taffetas. Leurs corps,
enveloppés dans une peau d'ours, avaient une ceinture de
cette même peau, à laquelle pendaient de petites monnaies
chinoises et différents bijoux de cuivre. Des rassades bleues
étaient répandues et comme semées dans ce tombeau. Nous
y trouvâmes aussi dix ou douze espèces de bracelets d'argent,
du poids de deux gros chacun, que nous apprîmes par la
suite être des pendants d'oreilles ; une hache de fer, un couteau de même métal, une cuillère de bois, un peigne, un
petit sac de nankin bleu, plein de riz. Rien n'était encore
dans l'état de décomposition ; et l'on ne pouvait guère donner plus d'un an d'ancienneté à ce monument. Sa construction nous parut inférieure à celle des tombeaux de la baie
des Français. Elle ne consistait qu'en un petit mulon formé
de tronçons d'arbres, revêtu d'écorce de bouleau. On avait
laissé entre eux un vide pour y déposer les deux cadavres.

Nous eûmes grand soin de les recouvrir, remettant reli-
gieusement chaque chose à sa place, après avoir seulement

emporté une très petite partie des divers objets contenus dans ce tombeau, afin de constater notre découverte. Nous ne pouvions pas douter que les Tartares chasseurs ne fissent de fréquentes descentes dans cette baie. Une pirogue laissée auprès de ce monument nous annonçait qu'ils y venaient par mer, sans doute de l'embouchure de quelque rivière que nous n'avions pas encore aperçue.

Les monnaies chinoises, le nankin bleu, le taffetas, les calottes, prouvent que ces peuples sont en commerce réglé avec ceux de la Chine, et il est vraisemblable qu'ils sont sujets aussi de cet empire.

Le riz renfermé dans le petit sac de nankin bleu désigne une coutume chinoise fondée sur l'opinion d'une continuation de besoins dans l'autre vie. Enfin, la hache, le couteau, la tunique de peau d'ours, le peigne, tous ces objets ont un grand rapport avec ceux dont se servent les Indiens de l'Amérique, et comme ces peuples n'ont peut-être jamais communiqué ensemble, de tels points de conformité entre eux ne peuvent-ils pas faire conjecturer que les hommes, dans le même degré de civilisation, et sous les mêmes latitudes, adoptent presque les mêmes usages, et que, s'ils étaient exactement dans les mêmes circonstances, ils ne différeraient pas plus entre eux que les loups du Canada ne diffèrent de ceux d'Europe?

Le spectacle ravissant que nous présentait cette partie de la Tartarie orientale n'avait cependant rien d'intéressant pour nos botanistes et nos lithologistes. Les plantes y sont absolument les mêmes que celles de France, et les substances dont le sol est composé n'en diffèrent pas davantage. Les oiseaux de mer et de terre étaient aussi fort rares.

Enfin, le 27 juin au matin, je mis à la voile, après avoir

déposé à terre différentes médailles avec une bouteille, et une inscription qui contenait la date de notre arrivée.

Le 4, nous vîmes une grande baie dans laquelle coulait une rivière de 5 à 7 mètres de largeur. Un canot de chaque frégate, aux ordres de MM. de Vaujuas et Darbaud, fut armé pour aller la reconnaître. La descente était facile, et le fond montait graduellement jusqu'au rivage. L'aspect du pays est à peu près le même que celui de la baie de Ternay, et quoiqu'à trois degrés plus au nord, les productions de la terre et les substances dont elle est composée n'en diffèrent que très peu.

Les traces d'habitants étaient ici beaucoup plus fraîches : on voyait des branches d'arbres coupées avec un instrument tranchant auxquelles les feuilles vertes tenaient encore; deux peaux d'élans, très artistement tendues sur de petits morceaux de bois, avaient été laissées à côté d'une petite cabane qui ne pouvait loger une famille, mais qui suffisait pour servir d'abri à deux ou trois chasseurs, et peut-être y en avait-il un petit nombre que la crainte avait fait fuir dans les bois. M. de Vaujuas crut devoir emporter une de ces peaux; mais il laissa en échange des haches et d'autres instruments de fer d'une valeur centuple de la peau d'élan, qui me fut envoyée. Le rapport de cet officier et celui des différents naturalistes ne me donnèrent aucune envie de prolonger mon séjour dans cette baie, à laquelle je donnai le nom de baie de Suffren.

Après avoir navigué quelques jours enveloppé d'une brume épaisse, j'accostai enfin la terre, le 12 juillet, et je laissai tomber l'ancre à deux milles d'une petite anse dans laquelle coulait une rivière. M. de Langle, qui avait mouillé une heure avant moi, se rendit tout de suite à mon bord. Il avait déjà débarqué ses canots et ses chaloupes, et il me proposa de descendre avant la nuit pour reconnaître le terrain, et savoir s'il y avait espoir de tirer quelques informations des habitants. Nous apercevions, à l'aide de nos lunettes, quelques cabanes, et deux insulaires qui paraissaient s'enfuir vers les bois. J'acceptai la proposition de M. de Langle, et j'autorisai deux autres de mes officiers à l'accompagner.

Ils trouvèrent les deux seules cases de cette baie abandonnées, mais depuis très peu de temps, car le feu y était encore allumé. Aucun des meubles n'en avait été enlevé. M. de Langle y fit déposer des haches, différents outils de fer, des rassades, et généralement tout ce qu'il crut utile et agréable à ces insulaires, persuadé qu'après son rembarquement les habitants y retourneraient, et que nos présents leur prouveraient que nous n'étions pas des ennemis. Il fit en même temps tendre la seine, et prit, en deux coups de filet, plus de saumons qu'il n'en fallait aux équipages pour la consommation d'une semaine.

Au moment où il allait retourner à bord, il vit aborder sur le rivage une pirogue avec sept hommes, qui ne parurent nullement effrayés de notre nombre. Ils échouèrent leur petite embarcation sur le sable, et s'assirent sur des nattes au milieu de nos matelots, avec un air de sécurité qui prévint beaucoup en leur faveur. Dans ce nombre étaient deux vieillards ayant une longue barbe blanche, vêtus d'une étoffe d'écorce d'arbre assez semblable aux pagnes de Madagascar. Deux des sept insulaires avaient des habits de nankin bleu ouatés, et la forme de leur habillement différait peu de celui des Chinois. D'autres n'avaient qu'une longue robe qui fermait entièrement au moyen d'une ceinture et de quelques petits boutons, ce qui les dispensait de porter des caleçons. Leur tête était nue, et, chez deux ou trois entourée seulement d'un bandeau de peau d'ours. Ils avaient le toupet et les faces rasés, tous les cheveux de derrière conservés de la longueur de 10 à 15 centimètre , mais d'une manière différente des Chinois, qui ne laissent qu'une touffe de cheveux en rond, qu'ils appellent *pent:ec*. Tous avaient des bottes de peau de loup marin, avec un pied à la chinoise très artistement travaillé.

Leurs armes étaient des arcs, des piques et des flèches garnies en fer. Le plus vieux de ces insulaires, celui auquel les autres témoignaient le plus d'égards, avait les yeux dans un très mauvais état ; il portait autour de sa tête un garde-vue pour se garantir de la trop grande clarté du soleil. Les manières de ces habitan's étaient graves, nobles, et très affectueuses. M. de Langle leur donna le surplus de ce qu'il avait apporté avec lui, et leur fit entendre par signes que la nuit l'obligeait de retourner à bord, mais qu'il désirait beaucoup les retrouver le lendemain pour leur faire de nouveaux présents. Ils firent signe à leur tour qu'ils dormaient dans les environs, et qu'ils seraient exacts au rendez-vous.

Nous crûmes généralement qu'ils étaient les propriétaires d'un magasin de poisson que nous avions rencontré sur le bord de la petite rivière, et qui était élevé sur des piquets, à 1 mètre 66 centimètres au-dessus du niveau du terrain. M. de Langle, en le visitant, l'avait respecté comme les cabanes abandonnées. Il y avait trouvé du saumon, du hareng, séché et fumé, avec des vessies remplies d'huile, ainsi que des peaux de saumons, minces comme du parchemin. Ce magasin était trop considérable pour la subsistance d'une famille, et il jugea que ces peuples faisaient commerce de ces divers objets. Les canots ne furent de retour à bord que vers les onze heures du soir. Le rapport qui me fut fait excita vivement ma curiosité. J'attendis le jour avec impatience, et j'étais à terre avec la chaloupe et le grand canot avant le lever du soleil. Les insulaires arrivèrent dans l'anse peu de temps après. Ils venaient du nord, où nous avions jugé que leur village était situé. Ils furent bientôt suivis d'une seconde pirogue, et nous comptâmes vingt et un habitants. Dans ce nombre se trouvaient les propriétaires des cabanes, que les effets laissés par M. de Langle avaient rassurés.

M. de Langle, avec presque tout son état-major, arriva à terre bientôt après moi, et avant que notre conversation avec les insulaires eût commencé, elle fut précédée de présents de toute espèce. Ils paraissaient ne faire cas que des choses utiles; le fer et les étoffes prévalaient sur tout. Ils connaissaient les métaux comme nous; ils préféraient l'argent au cuivre, le cuivre au fer, etc. Ils étaient fort pauvres; trois ou quatre seulement avaient des pendants d'oreille d'argent, ornés de rassades bleues, absolument semblables à ceux que j'avais trouvés dans le tombeau de la baie de Ternay, et que j'avais pris pour des bracelets. Leurs autres petits ornements étaient de cuivre, comme ceux du même tombeau. Leurs briquets et leurs pipes paraissaient chinois ou japonais. Celles-ci étaient de cuivre blanc parfaitement travaillé. En désignant de la main le couchant, ils nous firent entendre que le nankin bleu dont quelques-uns étaient couverts, les rassades et les briquets, venaient du pays des Mantchoux, et ils prononçaient ce nom absolument comme nous-mêmes.

Voyant ensuite que nous avions tous du papier et un

crayon à la main pour faire un vocabulaire de leur langue, ils devinèrent notre intention. Ils prévinrent nos questions, présentèrent eux-mêmes les différents objets, ajoutèrent le nom du pays, et eurent la complaisance de le répéter quatre ou cinq fois, jusqu'à ce qu'ils fussent certains que nous avions bien saisi leur prononciation. La facilité avec laquelle ils nous avaient devinés me porte à croire que l'art de l'écriture leur est connu, et l'un de ces insulaires, qui, comme on va le voir, nous traça le dessin du pays, tenait le crayon de la même manière que les Chinois tiennent leur pinceau. Ils paraissaient désirer beaucoup nos haches et nos étoffes, ils ne craignaient même pas de les demander; mais ils étaient aussi scrupuleux que nous à ne jamais prendre que ce que nous leur avions donné. Il était évident que leurs idées sur le vol ne différaient pas des nôtres, et je n'aurais pas craint de leur confier la garde de nos effets. Leur attention à cet égard s'étendait jusqu'à ne pas même ramasser sur le sable un seul des saumons que nous avions pêchés, quoiqu'ils y fussent étendus par milliers, car notre pêche avait été aussi abondante que celle de la veille. Nous fûmes obligés de les presser, à plusieurs reprises, d'en prendre autant qu'ils voudraient.

Nous parvînmes enfin à leur faire comprendre que nous désirions qu'ils figurassent leur pays et celui des Mantchoux. Alors un des vieillards se leva, et avec le bout de sa pique il traça la côte de Tartarie, à l'ouest, courant à peu près nord et sud. A l'est, vis-à-vis, et dans la même direction, il figura son île, et en portant la main sur sa poitrine, il nous fit entendre qu'il venait de tracer son propre pays. Il avait laissé entre la Tartarie et son île un détroit, et se tournant vers nos vaisseaux, qu'on apercevait du rivage, il marqua par un trait qu'on pouvait y passer. Au sud de cette île, il en avait figuré une autre, et avait laissé un détroit, en indiquant que c'était encore une route pour nos vaisseaux.

Sa sagacité pour deviner nos questions était très grande, mais moindre encore que celle d'un autre insulaire, âgé à peu près de trente ans, qui, voyant que les figures tracées sur le sable s'effaçaient, prit un de nos crayons avec du papier. Il y traça son île, qu'il nomma Tchoka, et il indiqua par un trait la petite rivière sur le bord de laquelle nous étions, qu'il plaça aux deux tiers de la longueur de l'île, depuis le nord vers le sud. Il dessina ensuite la terre des Mantchoux, laissant, comme le vieillard, un détroit au fond de l'entonnoir, et, à notre grande surprise, il y ajouta le fleuve Ségalien, dont ces insulaire prononçaient le nom comme nous. Il plaça l'embouchure de ce fleuve un peu au sud de la pointe du nord de son île, et il marqua par des traits, au nombre de sept, la quantité de journées de pirogues nécessaire pour se rendre du lieu où nous étions à l'embouchure du Ségalien; mais comme les pirogues de ces peuples ne s'écartent jamais de terre au delà d'une portée de pistolet, en suivant le contour des petites anses, nous jugeâmes qu'elles ne faisaient guère en droite ligne que neuf lieues par jour, parce que la côte permet de débarquer partout, qu'on mettait à terre pour faire cuire les aliments et prendre ses repas, et qu'il est vraisemblable qu'on se reposait souvent. Ainsi nous évaluâmes à soixante-trois lieues au plus notre éloignement de l'extrémité de l'île. Ce même insulaire nous répéta ce qui nous avait été dit, qu'ils se procuraient des nankins et d'autres objets de commerce par leur communication avec les peuples qui habitent les bords du fleuve Ségalien, et il marqua également par des traits pendant combien de journées de pirogue ils remontaient ce fleuve jusqu'au lieux où se faisait ce commerce. Tous les autres insulaires étaient témoins de cette conversation, et approuvaient par leurs gestes les discours de leurs compatriotes.

Nous voulûmes ensuite savoir si ce détroit était fort large. Nous cherchâmes à lui faire comprendre notre idée. Il la saisit, et, plaçant ses deux mains perpendiculairement et parallèlement à deux ou trois pouces l'une de l'autre, il nous fit entendre qu'il figurait ainsi la largeur de la petite rivière de notre aiguade; en les écartant davantage, que cette seconde largeur était celle du fleuve Ségalien, et en les éloignant enfin beaucoup plus, que c'était la largeur du détroit qui sépare son pays de la Tartarie.

Il s'agissait de connaître la profondeur de l'eau. Nous l'entraînâmes sur le bord de la rivière, dont nous n'étions éloignés que de dix pas, et nous y enfonçîmes le bout d'une pique. Il parut nous comprendre. Il plaça une main au-dessus de l'autre, à la distance de 12 à 15 centimètres; nous crûmes qu'il nous indiquait la profondeur du fleuve Ségalien, et enfin il donna à ses bras toute leur extension, comme pour figurer la profondeur du détroit.

Il nous restait à savoir s'il avait représenté des profondeurs absolues ou relatives, car, dans le premier cas, ce détroit n'aurait eu qu'une brasse, et ce peuple, dont les embarcations n'avaient jamais approché de nos vaisseaux, pouvait croire que 1 mètre d'eau nous suffisait, comme 12 à 15 centimètres suffisent à leurs pirogues. Mais il nous fut impossible d'avoir d'autres éclaircissements là-dessus. M. de Langle et moi crûmes que, dans tous les cas, il était de la plus grande importance de reconnaître si l'ile que nous prolongions était celle à laquelle les géographes ont donné le nom d'ile Ségalien, sans en soupçonner l'étendue au sud. Je donnai ordre de tout disposer sur les deux frégates pour appareiller le lendemain. La baie où nous étions mouillés reçut le nom de baie de Langle, du nom de ce capitaine, qui l'avait découverte et y avait mis pied à terre le premier.

Nous employâmes le reste de la journée à visiter le pays, et le peuple qui l'habite. Nous n'en avons pas rencontré depuis notre départ de France qui ait plus excité notre curiosité et notre admiration. Nous savions que les nations les plus nombreuses, et peut-être les plus anciennement policées, habitent les contrées qui avoisinent ces îles; mais il ne paraît pas qu'elles les aient jamais conquises, parce que rien n'a pu tenter leur cupidité, et il était très contraire à nos idées de trouver chez un peuple chasseur et pêcheur, qui ne cultive aucune production de la terre, et qui n'a point de troupeaux, des manières en général plus douces, et peut-être une intelligence plus étendue que chez aucune nation de l'Europe. Assurément les connaissances de la classe instruite des Européens l'emportent de beaucoup, dans tous les points, sur celles de vingt et un insulaires avec qui nous avons communiqué dans la baie de Langle; mais chez les peuples de ces îles, les connaissances sont généralement plus répandues qu'elles ne le sont dans les classes communes des peuples d'Europe. Tous les individus y paraissent avoir reçu la même éducation. Ce n'était plus cet étonnement stupide des Indiens de la baie des Français. Nos arts, nos étoffes, attiraient l'attention des insulaires de la baie de Langle. Ils retournaient en tous sens ces étoffes, ils en causaient entre eux, et cherchaient à découvrir par quel moyen on était parvenu à les fabriquer. La navette leur est connue. J'ai rapporté un métier avec lequel ils font des toiles absolument semblables aux nôtres ; mais le fil en est fait avec de l'écorce d'un saule très commun dans leur île, et qui m'a paru différer peu de celui de France.

Quoiqu'ils ne cultivent pas la terre, ils profitent avec la plus grande intelligence de ses productions spontanées. Nous avons trouvé dans leurs cabanes beaucoup de racines d'une espèce de lis que nos botanistes ont reconnue être le lis jaune ou la suranne du Kamtschatka. Ils la font sécher, et c'est leur provision d'hiver.

Notre court séjour ne nous permit pas de reconnaître si ces insulaires ont une forme de gouvernement, et nous ne pourrions là dessus que hasarder des conjectures ; mais on ne peut douter qu'ils n'aient beaucoup de considération pour les vieillards ; et que leurs mœurs ne soient très douces ; et certainement, s'ils étaient pasteurs, et qu'ils eussent de nombreux troupeaux, je ne me formerais pas une autre idée des usages et des mœurs des patriarches. Ils sont généralement bien faits, d'une constitution forte, d'une physionomie assez agréable, et velus d'une manière remarquable. Leur taille est petite ; je n'en ai observé aucun de 1 mètre 90 centimètres, et plusieurs avaient moins de 1 mètre 66 centimètres. Ils permirent à nos peintres de les dessiner ; mais ils se refusèrent constamment au désir de M. Rollin, notre chirurgien, qui voulait prendre la mesure des différentes dimensions de leurs corps. Ils crurent peut-être que c'était une opération magique, car on sait par les voyageurs que cette idée de magie est très répandue en Chine et dans la Tartarie, et qu'on y a traduit devant les tribunaux plusieurs missionnaires accusés d'être magiciens, pour avoir apposé les mains sur des enfants lorsqu'ils les baptisaient.

Nous pouvons assurer que les habitants de cette île forment un peuple policé, mais si pauvre, que, de longtemps, ils n'auront à craindre ni l'ambition des conquérants ni la cupidité des négociants. Un peu d'huile et du poisson séché sont de bien minces objets d'exportation.

Nous ne traitâmes que de deux peaux de martres. Nous vîmes des peaux d'ours et de loups marins, morcelées et taillées en habits, mais en très petits nombre. Les pelleteries de ces îles seraient d'une bien petite importance pour le commerce. Nous trouvâmes des morceaux de charbon de terre roulés sur le rivage, mais pas un seul caillou qui contînt de l'or, du fer ou du cuivre. Je suis très porté à croire qu'ils n'ont aucunes mines dans leurs montagnes. Tous les bijoux d'argent de ces vingt et un insulaires ne pesaient pas deux onces, et une médaille avec une chaîne d'argent que je mis au cou du vieillard qui semblait être le chef de la troupe leur parut d'un prix inestimable.

Chacun des habitants avait au pouce un fort anneau, ressemblant à une gimblette, ces anneaux sont d'ivoire, de corne ou de plomb. Ils laissent croître leurs ongles comme les Chinois, ils saluent comme eux, et l'on sait que ce salut consiste à se mettre à genoux et à se prosterner jusqu'à terre. Leur manière de s'asseoir sur des nattes est la même; ils mangent comme eux avec de petites baguettes. S'ils ont avec les Chinois et avec les Tartares une origine commune, leur séparation est bien ancienne, car ils ne leur ressemblent en rien par l'extérieur, et bien peu par les habitudes morales.

Les Chinois que nous avions à bord n'entendaient pas un seul mot de la langue de ces insulaires ; mais ils comprirent parfaitement celle des deux Tartares Mantchoux qui, depuis quinze ou vingt jours, avaient passé du continent sur cette île, peut-être pour faire quelque achat de poisson.

Nous ne les rencontrâmes que dans l'après-midi. Leur conversation se fit de vive voix, avec un de nos Chinois, qui savait très bien le tartare. Ils lui firent absolument les mêmes détails de la géographie du pays, dont ils changèrent seulement les noms, parce que vraisemblablement chaque langue a les siens.

Les vêtements de ces Tartares étaient de nankin gris, pareils à ceux des coulis ou portefaix de Macao. Leur chapeau était pointu et d'écorce. Ils avaient la touffe de cheveux ou le pentsec à la chinoise. Leurs manières et leur physionomie étaient moins agréables que celles des habitants de l'île. Ils dirent qu'ils habitaient à huit journées dans le haut du fleuve Ségalien. Tous ces rapports, joints à ce que nous savions sur la côte de Tartarie, prolongée de si près par nos vaisseaux, nous firent penser que les bords de la mer de cette partie de l'Asie ne sont presque pas habités depuis les 42me degrés ou les limites de la Corée jusqu'au fleuve Ségalien ; que des montagnes, peut-être inaccessibles, séparent cette contrée maritime du reste de la Tartarie, et qu'on n'y aborderait que par mer, en remontant quelques rivières quoique nous n'en eussions aperçu aucune d'une certaine étendue.

Les cabanes de ces insulaires sont bâties avec intelligence. Toutes les précautions y sont prises contre le froid. Elles sont en bois, revêtues d'écorce de bouleau, surmontées d'une charpente couverte en paille séchée et arrangée comme le chaume de nos maisons de paysans. La porte est très basse et placée dans le pignon ; le foyer est au milieu, sous une ouverture du toit, qui donne issue à la fumée. De petites banquettes ou planches élevées de 80 à 90 centimètres règnent au pourtour, et l'intérieur est parqueté avec des nattes. La cabane que je viens de décrire était située au milieu d'un bois de rosiers, à cent pas du bord de la mer. Ces arbustes étaient en fleur. Ils exhalaient une odeur délicieuse ; mais elle ne pouvait compenser la puanteur de poisson et d'huile, qui aurait prévalu sur tous les parfums de l'Arabie.

Nous voulûmes connaître si les sensations agréables de l'odorat sont, comme celles du goût, dépendantes de l'habitude. Je donnai à l'un des vieillards dont j'ai parlé un flacon rempli d'une eau de senteur très suave. Il le porta à son nez, et marqua pour cette eau la même répugnance que nous éprouvions pour son huile. Ils avaient sans cesse la pipe à la bouche. Leur tabac était d'une bonne qualité, à grandes feuilles. J'ai cru comprendre qu'ils le tiraient de la Tartarie ; mais ils nous ont expliqué clairement que leurs pipes venaient de l'île qui est au sud, sans doute du Japon. Notre exemple ne put les engager à respirer du tabac en poudre, et c'eût été leur rendre un mauvais service que de les accoutumer à un nouveau besoin. Ce n'est pas sans étonnement que j'ai entendu dans leur langue le mot *chip*, pour un vaisseau, *toû*, *tri*, pour les nombres deux et trois. Ces expressions anglaises ne seraient-elles pas une preuve que quelques mots semblables dans des langues diverses ne suffisent pas pour indiquer une origine commune ?

Le 14 juillet je dirigeai ma route au nord-ouest, vers la côte de Tartarie, et lorsque, suivant notre estime, nous

fûmes sur le point d'où nous avions découvert le pic Lamanon, nous serrâmes le vent, et louvoyâmes à petites voiles
dans le canal, attendant la fin de ces ténèbres auxquelles,
selon moi, ne peuvent être comparées celles d'aucune mer.
Le brouillard disparut pour un instant.

Le 19 au matin nous vîmes la terre de l'île; mais elle
était encore si enveloppée de vapeurs, qu'il nous fut
impossible de reconnaître aucune des pointes que nous
avions relevées les jours précédents. Je fis route pour en
approcher; mais nous la perdîmes bientôt de vue. Cependant, guidés par la sonde, nous continuâmes à la prolonger jusqu'à deux heures après-midi, que nous laissâmes
tomber l'ancre à l'ouest d'une très bonne baie, à deux
milles du rivage. A quatre heures la brume se dissipa, et
nous relevâmes la terre derrière nous, au nord un quart
nord-est.

J'ai nommé cette baie, la meilleure dans laquelle nous
ayons mouillé depuis notre départ de Manille, baie d'Estaing. Nos canots y abordèrent à quatre heures du soir, au
pied de dix ou douze cabanes, placées, sans aucun ordre,
à une assez grande distance les unes des autres, et à cent
pas environ du bord de la mer. Elles étaient un peu plus
considérables que celles que j'ai décrites. On avait employé
à leur construction les mêmes matériaux, mais elles étaient
divisées en deux chambres. Celle du fond contenait tous les
petits meubles du ménage, le foyer est la banquette règne
autour; mais celle de l'entrée, absolument nue, paraissait
destinée à recevoir les visites.

M. de Langle qui débarqua le premier, trouva les insulaires rassemblés autour de quatre pirogues chargées de
poisson fumé. Ils aidaient à les pousser à l'eau. Il apprit que

les vingt-quatre hommes qui formaient l'équipage étaient Mantchoux, et qu'ils étaient venus des bords du fleuve Ségalien pour acheter ce poisson. Il eut une longue conversation avec eux, par l'entremise de nos Chinois, auxquels ils firent le meilleur accueil. Ils dirent, comme nos premiers géographes de la baie de Langle, que la terre que nous prolongions était une île. Ils lui donnèrent le même nom. Ils ajoutèrent que nous étions encore à cinq journées de pirogue de son extrémité, mais qu'avec un bon vent l'on pouvait faire ce trajet en deux jours, et coucher tous les soirs à terre. Ainsi tout ce qu'on nous avait déjà dit dans la baie de Langle fut confirmé dans cette nouvelle baie, mais exprimé avec moins d'intelligence par le chinois qui nous servait d'interprète.

.M. de Langle rencontra aussi dans un coin de l'île une espèce de cirque planté de quinze ou vingt piquets surmontés chacun d'une tête d'ours. Les ossements de ces animaux étaient épars aux environs. Comme ces peuples n'ont pas l'usage des armes à feu, qu'ils combattent les ours corps à corps, et que leurs flèches ne peuvent que les blesser, ce cirque nous parut destiné à conserver la mémoire de leurs exploits, et les vingt têtes d'ours exposées aux yeux devaient retracer les victoires qu'ils avaient remportées depuis dix ans, à en juger par l'état de décomposition du plus grand nombre.

Le 28 juillet, au soir, nous nous trouvâmes sur la côte de Tartarie, à l'ouverture d'une baie qui paraissait très profonde, et offrait un mouillage sûr et commode. Nous manquions absolument de bois, et notre provision d'eau était fort diminuée. Je pris le parti d'y relâcher, et je fis signal à *l'Astrolabe* de sonder en avant. Nous mouillâmes à la pointe nord de cette baie à cinq heures du soir, par onze brasses, fond de vase. M. de Langle, ayant fait mettre son canot à la mer, sonda lui-même cette rade, et me rapporta qu'elle offrait le meilleur abri possible, derrière quatre îles qui la garantissaient des vents du large. Il était descendu dans un village de Tartares, où il avait été très bien accueilli. Il avait découvert une aiguade où l'eau la plus limpide pouvait tomber en cascade dans nos chaloupes, et ces îles, dont le bon mouillage ne devait être éloigné que de trois encâblures, étaient couvertes de bois. D'après le rapport de M. de Langle, je donnai ordre de tout disposer pour entrer au fond de la baie à la pointe du jour, et nous y mouillâmes à huit heures du matin. Cette baie fut nommée baie de Castries.

Relâche à la baie de Castries. — Description de cette baie et d'un village Tartare. — Mœurs et coutumes des habitants. — Arrivée au Kamtschatka.

La baie de Castries, dans laquelle nous venions de mouiller, est située au fond d'un golfe, et éloignée de deux cents lieues du détroit de Sangaar, la seule porte dont nous fussions certains pour sortir des mers du Japon.

La baie de Castries est la seule de toutes celles que nous

avons visitées sur la côte de Tartarie qui mérite la qualification de baie ; elle assure un abri aux vaisseaux contre le mauvais temps, et il serait possible d'y passer l'hiver.

Il n'y a point de mer plus fertile en fucus de différentes espèces, et la végétation de nos plus belles praires n'est ni plus verte ni plus fourrée. Un grand enfoncement sur le bord duquel était le village tartare, et que nous supposâmes d'abord assez profond pour recevoir nos vaisseaux, parce que la mer était haute lorsque nous mouillâmes au fond de la baie, ne fut plus pour nous, deux heures après, qu'une vaste prairie d'herbes marines. On y voyait sauter des saumons qui sortaient d'un ruisseau dont les eaux se perdaient dans ces herbes, et où nous en avons pris plus de deux mille en un jour.

Les habitants, dont ce poisson est la subsistance la plus abondante et la plus assurée, voyaient les succès de notre pêche sans inquiétude, parce qu'ils étaient certains, sans doute, que la quantité en est inépuisable. Nous débarquâmes au pied de leur village le lendemain de notre arrivée dans la baie. M. de Langle nous y avait précédés, et ses présents nous y procurèrent des amis.

On ne peut rencontrer dans aucune partie du monde une peuplade d'hommes meilleurs. Le chef, ou le plus vieux, vint nous recevoir sur la plage, avec quelques autres habitants. Il se prosterna jusqu'à terre en nous saluant à la manière des Chinois, et nous conduisit dans sa cabane, où étaient sa femme, ses belles-filles, ses enfants et ses petits-enfants.

Il fit étendre une natte propre, sur laquelle il nous proposa de nous asseoir, et une petite graine, que nous n'avons pu reconnaître, fut mise dans un echaudière sur le feu, avec du saumon, pour nous être offerte. Cette graine est leur mets le plus précieux. Ils nous firent entendre qu'elle venait du pays des Mantchoux : ils donnent exclusivement ce nom aux peuples qui habitent à sept ou huit journées dans le haut du fleuve Ségalien, et qui communiquent directement avec les Chinois. Ils firent entendre par signes qu'ils étaient de la nation des Orotchys, et, nous montrant quatre pirogues étrangères, que nous avions vu arriver le même jour dans la baie, et qui s'étaient arrêtées devant leur village, ils en nommèrent les équipages des Bitchys. Ils nous désignaient que ces derniers habitaient plus au sud, mais peut-être à moins de sept à huit lieues : car ces nations, comme celles du Canada, changent de nom et de langage à chaque bourgade. Ces étrangers, dont je parlerai plus en détail dans la suite de ce récit, avaient allumé du feu sur le sable, au bord de la mer, auprès du village des Orotchys. Ils y faisaient cuire leur graine et leur poisson dans une chaudière de fer suspendue par un crochet de même métal à un trépied formé par trois bâtons liés ensemble. Ils arrivaient du fleuve Ségalien, et rapportaient dans leur pays des nankins et de la graine qu'ils avaient eus probablement en échange de l'huile, du poisson séché, et peut-être de quelques peaux d'ours ou d'élans, seuls quadrupèdes, avec les chiens et les écureuils, dont nous ayons aperçu les dépouilles.

Ce village des Orotchys était composé de quatre cabanes solidement construites avec des tronçons de sapin dans toute leur longueur, proprement entaillés dans les angles. Une charpente assez bien travaillée soutenait la toiture, formée par des écorces d'arbres. Une banquette comme celle des cases de l'île Ségalien régnait autour de l'appartement, et le foyer était placé de même au milieu, sous une ouverture assez large pour donner issue à la fumée. Nous avons lieu de croire que ces quatre maisons appartiennent à quatre familles différentes, qui vivent entre elles dans la plus grande union et la plus parfaite confiance.

Nous avons vu partir une de ces familles pour un voyage de quelque durée, car elle n'a point reparu pendant les cinq jours que nous avons passés dans cette baie. Les propriétaires mirent quelques planches devant la porte de leur maison pour empêcher les chiens d'y entrer, et la laissèrent remplie de leurs effets. Nous fûmes bientôt tellement convaincus de l'inviolable fidélité de ces peuples, et du respect presque religieux qu'ils ont pour les propriétés, que nous laissions au milieu de leurs cabanes, et sous le sceau de leur probité, nos sacs pleins d'étoffes, des rassades, des outils de fer, et généralement tout ce qui servait à nos échanges, sans que jamais ils aient abusé de notre extrême confiance, et nous sommes partis de cette baie avec l'opinion qu'ils ne soupçonnaient même pas que le vol fût un crime.

Chaque cabane était entourée d'une sécherie de saumons, qui restaient exposés sur des perches à l'ardeur du soleil, après avoir été boucanés pendant trois ou quatre jours autour du foyer qui est au milieu de leur case. Les femmes chargées de cette opération ont le soin, lorsque la fumée les a pénétrés, de les porter en plein air, où ils acquièrent la dureté du bois.

Ils faisaient leur pêche dans la même rivière que nous avec des filets ou des dards, et nous leur voyions manger crus, avec une avidité dégoûtante, le museau, les ouïs, les osselets, et quelquefois la peau entière du saumon, qu'ils dépouillaient avec beaucoup d'adresse; ils suçaient le mucilage de ces parties comme nous avalons une huître. Le plus grand nombre de leurs poissons n'arrivaient à l'habitation que dépouillés, excepté lorsque la pêche avait été très abondante : alors les femmes cherchaient avec la même avidité les poissons entiers, et en dévoraient d'une manière aussi dégoûtante les parties mucilagineuses, qui leur paraissaient les mets les plus exquis. C'est à la baie de Castries que nous apprîmes l'usage du bourrelet de plomb ou d'os que ces peuples, ainsi que ceux de l'île Ségalien, portent comme une bague au pouce : il leur sert de point d'appui pour couper et dépouiller le saumon avec un couteau tranchant qu'ils portent tous pendu à leur ceinture.

Leur village était construit sur une langue de terre basse et marécageuse, exposée au nord, et qui nous a paru inhabitable pendant l'hiver; mais à l'opposite et de l'autre côté du golfe, sur un endroit plus élevé, à l'exposition du midi et à l'entrée d'un bois, était un second village, composé de huit cabanes plus vastes et mieux construites que les premières. Au-dessus, et à une très petite distance, nous avons visité trois jourtes, ou maisons soûterraines, absolument semblables à celles des Kamtschadales, décrites dans les voyages du capitaine Cook. Elles étaient assez étendues pour contenir pendant les rigueurs du froid les habitants des huit cabanes. Enfin sur une des ailes de cette bourgade on trouvait plusieurs tombeaux, mieux construits et aussi grands que les maisons. Chacun d'eux renfermait trois, quatre ou cinq bières, proprement travaillées, ornées d'étoffes de Chine, dont quelques morceaux étaient de brocart. Des arcs, des flèches, des filets, et généralement les meubles les plus précieux de ces peuples, étaient su·pendus dans l'intérieur de ces monuments, dont la porte, en bois, se fermait avec une barre maintenue à ses extrémités par deux supports.

Les maisons étaient remplies d'effets comme les tombeaux; rien de ce qui leur sert n'en avait été enlevé ; les habillements, les fourrures, les raquettes, les arcs, les flèches, les piques, tout était resté dans ce village désert, qu'ils n'habitent que pendant la mauvaise saison, ils passent l'été de l'autre côté du golfe, où ils étaient; et d'où ils voyaient entrer dans les cases, descendre même dans l'intérieur des tombeaux, sans que jamais ils nous y aient accompagnés, sans qu'ils aient témoigné la moindre crainte de voir enlever leurs meubles, qu'ils savaient cependant exciter beaucoup nos désirs, parce que nous avions déjà fait plusieurs échanges avec eux. Nos équipages n'avaient pas moins vivement senti que les officiers le prix d'une confiance aussi grande, et le déshonneur et le mépris eussent couvert l'homme qui eût été assez vil pour commettre le plus léger vol.

Il était évident que nous n'avions visité les Orotchys que dans leurs maisons de campagne, où ils faisaient leur récolte de saumon, qui, comme le blé en Europe, fait la base de la subsistance. J'ai vu parmi eux si peu de peaux d'élans que je suis porté à croire que la chasse y et peu abondante. Je compte aussi pour une très petite partie de leur nourriture quelques racines de lis jaune ou de saranne, que les femmes arrachent sur la lisière des bois, et qu'elles font sécher auprès de leur foyer.

On aurait pu penser qu'une si grande quantité de tombeaux (car nous en trouvions sur toutes les îles et dans toutes les anses) annonçait une épidémie récente qui avait ravagé ces contrées et réduit la génération actuelle à un très petit nombre d'hommes; mais je suis porté à croire que les différentes familles dont cette nation est composée étaient dispersées dans les baies voisines pour y pêcher et sécher du saumon, et qu'elles ne se rassemblent que l'hiver : elles apportent leur provision de poisson pour subsister jusqu'au retour du soleil. Il est plus vraisemblable de supposer que le respect le plus religieux de ces peuples pour les tombeaux de leurs ancêtres les porte à les entretenir, à les réparer, et à retarder ainsi, peut-être pendant plusieurs siècles, l'effet inévitable des ravages du temps.

Je n'ai aperçu aucune différence extérieure entre les habitants. Il n'en est pas de même des morts, dont les cendres reposent d'une manière plus ou moins magnifique, suivant leurs richesses. Il est assez probable que le travail d'une longue vie suffit à peine aux frais d'un de ces somptueux mausolées, qui n'ont cependant qu'une magnificence relative, et dont on se ferait une très fausse idée si on les comparait aux monuments des peuples plus civilisés. Les corps des habitants les plus pauvres sont exposés en plein air dans une bière placée sur un théâtre soutenu par des piquets de 1 mètre 33 centimètres de hauteur; mais tous ont leurs arcs, leurs flèches, leurs filets, et quelques morceaux d'étoffe auprès de leurs monuments, et ce serait vraisemblablement un sacrilège de les enlever.

Ces peuples sembleraient ainsi que ceux de l'île Ségalien, ne reconnaître aucun chef, et n'être soumis à aucun gouvernement. La douceur de leurs mœurs, leur respect pour les vieillards, peuvent rendre parmi eux cette anarchie sans inconvénient. Nous n'avons jamais été témoins de la plus petite querelle. Leur affection réciproque, leur tendresse pour leurs enfants, offraient à nos yeux un spectacle touchant ; mais nos sens étaient révoltés par l'odeur fétide de ce saumon, dont les maisons, ainsi que leurs environs, se trouvaient remplies. Les os en étaient épars, et le sang répandu autour du foyer ; des chiens avides, quoique assez doux et familiers, léchaient et dévoraient ces restes.

Ce peuple est d'une malpropreté et d'une puanteur révoltantes. Il n'en existe peut-être pas de plus faiblement constitué, ni d'une physionomie plus éloignée des formes auxquelles nous attachons l'idée de la beauté. Leur taille moyenne est au-dessous de 1 mètre 90 centimètres ; leur corps est grêle, leur voix faible et aiguë, comme celle des enfants. Ils ont les os des joues saillants, les yeux petits, chassieux, et fendus diagonalement ; la bouche large, le nez écrasé, le menton court, presque imberbe, et une peau olivâtre vernissée d'huile et de fumée. Ils laissent croître leurs cheveux, et ils les tressent à peu près comme nous.

Ceux des femmes leur tombent épars sur les épaules, et le portrait que je viens de tracer convient autant à leur physionomie qu'à celle des hommes, dont il est difficile de les distinguer. Elles ne sont assujetties à aucun travail forcé, tous leurs soins se bornent à tailler et à coudre leurs habits, à disposer le poisson pour être séché, et à soigner leurs enfants.

Ce sexe paraît jouir parmi eux d'une assez grande considération. Ils n'ont jamais conclu aucun marché avec nous sans le consentement de leurs femmes. Les pendants d'oreilles d'argent et les bijoux de cuivre servant à orner leurs habits, sont uniquement réservés aux femmes et aux petites filles. Les hommes et les petits garçons sont vêtus d'une

camisole de nankin, ou de peau de chien ou de.poisson,
taillée comme les chemises des charretiers. Si elle descend
au-dessous des genoux, ils n'ont point de caleçon. Dans le
cas contraire, ils en portent à la chinoise, qui descendent
jusqu'au gras de la jambe. Tous ont des bottes de peau de
loup marin ; mais ils les conservent pour l'hiver, et ils portent dans tous les temps et à tout âge, même à la mamelle,
une ceinture de cuir à laquelle sont attachés un couteau à
gaîne, un petit sac pour contenir du tabac et une pipe.

Le costume des femmes est un peu différent. Elles sont
enveloppées d'une large robe de nankin, ou de peau de
saumon, qu'elles ont l'art de tanner parfaitement et de rendre extrêmement souple. Cet habillement leur descend jusqu'à la cheville du pied, et il est quelquefois bordé d'une
frange de petits ornements de cuivre qui font un bruit semblable à celui des grelots. Les saumons dont la peau sert à
leur habillement ne se pêchent pas en été, et pèsent trente
ou quarante livres. Ceux que nous venions de prendre au
mois de juillet étaient du poids de trois ou quatre livres
seulement; mais leur nombre et la délicatesse de leur goût
compensaient ce désavantage. Nous pensons tous n'en avoir
jamais mangé de meilleurs.

Nous ne pouvons parler de la religion de ce peuple,
n'ayant aperçu ni temples ni prêtres, mais peut-être quelques idoles, grossièrement sculptées, suspendues au plan-
cher de leurs cabanes.

Elles représentaient des enfants, des bras, des mains,
des jambes, et ressemblaient beaucoup aux ex-veto de nos
chapelles de campagne. Il serait possible que ces simula-
cres, que nous avons peut-être faussement pris pour des
idoles, ne servissent qu'à leur rappeler le souvenir d'un en-

fant dévoré par des ours, ou de quelque chasseur blessé par ces animaux. Il n'est cependant guère vraisemblable, qu'un peuple si faiblement constitué, soit exempt de superstition.

Nous avons soupçonné qu'ils nous prenaient quelquefois pour des sorciers. Ils répondaient avec inquiétude, quoique avec politesse à nos différentes questions, et lorsque nous tracions des caractères sur le papier, ils semblaient prendre les mouvements de la main qui écrivait pour des signes de magie, et se refusaient à répondre à ce que nous leur demandions en faisant entendre que c'est un mal. Ce n'est qu'avec une extrême difficulté et la plus grande patience que M. Lavaux, chirurgien-major de *l'Astrolabe*, est parvenu à former le vocabulaire des Orotchys et celui des Bitchys. Nos présents ne pouvaient vaincre leurs préjugés à cet égard ; ils ne les recevaient même qu'avec répugnance, et ils les refusèrent souvent avec opiniâtreté.

Je crois m'apercevoir qu'ils désiraient peut-être plus de délicatesse dans la manière de les leur offrir, et, pour vérifier si ce soupçon était fondé, je m'assis dans une de leurs cases, et, après avoir fait approcher de moi deux petits enfants de trois ou quatre ans, et leur avoir fait quelques légères caresses, je leur donnai une pièce de nankin couleur de rose, que j'avais apportée dans ma poche. Je vis les yeux de toute la famille témoigner une vive satisfaction, et je suis certain qu'ils auraient refusé ce présent, si je le leur eusse directement adressé. Le mari sortit de sa case, et rentra bientôt après avec son plus beau chien, qu'il me pria d'accepter. Je le refusai, en cherchant à lui faire comprendre qu'il lui serait plus utile qu'à moi ; mais il insista et, voyant que c'était sans succès, il fit approcher les deux enfants qui avaient reçu le nankin, et, appuyant leurs petites mains sur le dos du chien, il me fit entendre que je ne devais pas refuser ses enfants.

La délicatesse de ces manières ne peut exister que chez un peuple très-policé. Je crois que la civilisation d'une nation qui n'a ni troupeaux ni culture ne peut aller au-delà. Je dois faire observer que les chiens sont leur bien le plus précieux. Ils les attellent à de petits traîneaux fort légers, très-bien faits, absolument semblables à ceux des Kamtschadales. Ces chiens, de l'espèce des chiens-loups, sont forts, quoique d'une taille moyenne, extrêmement dociles, très-doux, et paraissent avoir le caractère de leurs maîtres, tandis que ceux du Port-des-Français, beaucoup plus petits, mais de la même espèce, étaient sauvages et féroces. Un chien de ce port que nous avions pris et conservé pendant plusieurs mois à bord se vautrait dans le sang lorsqu'on tuait un bœuf ou un mouton ; il courait sur les poules comme un renard, il avait plutôt les inclinations du loup que celles du chien domestique. Il tomba à la mer pendant la nuit, dans un fort roulis, poussé peut-être par quelque matelot dont il avait dérobé la ration.

Mon intention était d'explorer les Kuriles, mais la brume qui ne cessa de nous environner m'empêcha d'exécuter ce projet, et comme la saison était avancée, je me décidai à faire route pour le Kamtschatka.

La brume fut aussi opiniâtre jusqu'au 5 septembre 1787 ; mais comme nous étions au large, nous forçâmes de voiles au milieu des ténèbres, et, à six heures du soir de ce même jour, ils se fit une éclaircie qui nous laissa voir la côte du Kamtschatka. Les montagnes que nous aperçûmes étaient précisément celles du volcan qui est au nord de Saint-Pierre-et-Saint-Paul, dont nous étions cependant éloignées de plus de trente-cinq lieues. Toute cette côte paraissait hideuse. L'œil se reposait avec peine et presque avec effroi sur ces masses énormes de rochers que la neige couvrait encore au commencement de septembre, et qui semblaient n'avoir jamais eu aucune végétation.

Nous fîmes route au nord. Pendant la nuit, les vents passèrent au nord-ouest. Le lendemain, le temps continua d'être clair. Nous avions approché de la terre. Elle était agréable à voir de près, et la base de ces sommets énormes couronnés de glaces éternelles était tapissée de la plus belle verdure, du milieu de laquelle on voyait s'élever différents bouquets d'arbres.

Nous eûmes connaissance, le 6 au soir, de l'entrée de la baie d'Avatscha ou Saint-Pierre-et-Saint-Paul. Le phare que les Russes ont élevé sur la pointe de l'est de cette contrée ne fut point allumé pendant la nuit. Le gouverneur nous dit, le lendemain, qu'il avait fait de vains efforts pour en entretenir le feu, le vent avait sans cesse éteint la mèche du fanal, qui n'était abritée que par quatre planches de sapin mal jointes.

Le lecteur s'apercevra que ce monument, digne du Kamtschatka, n'a été calqué sur aucun des phares de l'ancienne Grèce, de l'Egypte ou de l'Italie ; mais aussi faudra t-il peut-être remonter aux temps héroïques qui ont précédé le siége de Troie pour retrouver une hospitalité aussi affectueuse que celle qu'on exerce dans ce pays sauvage. Nous entrâmes dans la baie le 7, à deux heures après-midi. Le gouverneur vint à cinq lieues au-devant de nous dans sa pirogue. Quoique le soin du fanal l'eût occupé toute la nuit il s'imputait la faute de n'avoir pu réussir à tenir sa mèche allumée. Il nous dit que nous étions annoncés depuis longtemps, et qu'il croyait que le gouverneur-général de la presqu'île, qui était attendu à Saint-Pierre-et-Saint-Paul dans cinq jours, avait des lettres pour nous.

A peine avions-nous mouillé, que nous vîmes monter à bord le bon curé de Paratounka. Dès lors nous prévîmes que nous pourrions voir paraître et qu'il nous serait facile de de remettre sur la scène une partie des personnages dont il est question dans le dernier voyage de Cook.

Mouillage dans la baie d'Avatscha. — Accueil obligeant. — Bienveillance officieuse du gouverneur à notre égard. — Bal des Kamtschadales. — Lettres de France. — Tombeau de M. de La Croyère et du capitaine Clerke.

Nous n'étions pas encore affourchés devant le port de Saint-Pierre-et-Saint-Paul, lorsque nous reçûmes la visite du toyon ou chef du village, et de plusieurs autres habitants. Ils nous apportaient chacun quelques présents en saumons ou en raies, et nous offraient leurs services pour aller chasser aux ours ou aux canards, dont les étangs et les rivières sont couverts. Nous acceptâmes ces offres. Nous leur prêtâmes des fusils; nous leur donnâmes de la poudre et du plomb, et nous ne manquâmes pas de gibier pendant notre séjour dans la baie d'Avatscha.

Ils ne demandaient aucun salaire pour prix de leurs

fatigues, mais nous avions été si abondamment pourvus, à Brest, d'objets très précieux pour les Kamtschadales, que nous insistâmes pour leur faire accepter des marques de notre reconnaissance, et notre richesse nous permettait de les proportionner à leurs besoins plus encore qu'aux présents de leur chasse. Le lieutenant qui commandait au hâvre de Saint-Pierre-et-Saint-Paul avait sous ses ordres un sergent et un détachement de quarante soldats ou cosaques. Cet officier nous combla de politesses. Sa personne, celles de ses soldats, tous ses moyens étaient à notre disposition. Il ne voulut pas permettre que je fisse partir moi-même un officier pour Bolcheretsk, où, par le plus heureux hasard, se trouvait le gouverneur d'Okhotsk, qui faisait sa tournée dans cette province.

Il me dit que, sous peu de jours, ce gouverneur devait arriver à Saint-Pierre-et-Saint-Paul, et que vraisemblablement il était déjà en chemin. Il ajouta que ce voyage était beaucoup plus considérable que nous ne pouvions le penser, parce que la saison ne permettait pas de le faire en traîneau, et qu'il fallait absolument voyager moitié à pied, et moitié en pirogue par les rivières d'Avatscha et de Bolcherestk.

M. de Lesseps, notre jeune interprète, parlait la langue russe avec la même facilité que le français. Il traduisit les discours du lieutenant, et il adressa en mon nom une lettre russe au gouverneur d'Okhotsk, auquel j'écrivis de mon côté en français. Je lui marquais que la relation du troisième voyage du capitaine Cook avait rendu célèbre l'hospitalité du gouvernement de Kamtschatka, que j'osais me flatter de recevoir le même accueil que les navigateurs anglais, puisque notre voyage, comme le leur, avait eu pour but l'utilité commune de toutes les nations maritimes. La réponse du gouverneur ne pouvait nous parvenir qu'après un intervalle de cinq ou six jours, et le bon lieutenant nous dit alors qu'il prévenait ses ordres et ceux de l'impératrice de Russie, en nous priant de nous regarder comme dans notre patrie, et de disposer de tout ce que le pays offrait. On voyait dans ses gestes, dans ses yeux et dans ses expressions, que, s'il avait été en son pouvoir de faire un miracle, ces montagnes, ces marais seraient devenus pour nous des lieux enchanteurs.

Le bruit se répandit que le gouverneur, M. Kasloff, n'avait point de lettres pour nous, mais que l'ancien gouverneur du Kamtschatka, M. Steinheil, auquel M. Schmaleff a succédé en qualité de capitan-ispravnik ou inspecteur des Kamtschadales, et qui résidait à Verkhneï-Kamtschatka, pouvait en avoir, et à l'instant, sur ce simple bruit, qui n'avait presque aucune vraisemblance, il fit partir un exprès, qui devait faire à pied plus de cent cinquante lieues. Le lieutenant, M. Kaboroff, savait combien nous désirions recevoir des lettres; M. de Lesseps lui avait fait connaître quelle avait été notre douleur lorsque nous apprîmes qu'il n'était arrivé à Saint-Pierre-et-Saint-Paul aucun paquet à notre adresse. Il paraissait aussi affligé que nous; sa sollicitude et ses soins semblaient nous dire qu'il irait lui-même chercher nos lettres en Europe, s'il avait l'espoir de nous retrouver à son retour. Le sergent et tous les soldats montraient le même empressement pour nous servir. Madame Kaboroff avait aussi la politesse la plus aimable. Sa maison nous était ouverte à toutes les heures de la journée; on nous y offrait du thé et tous les rafraîchissements du pays. Chacun voulait nous faire des présents, et malgré la loi que nous nous étions faite de n'en pas recevoir, nous ne pûmes résister aux pressantes sollicitations de madame Kaboroff, qui força nos officiers, M. de Langle et moi, d'accepter quelques peaux de martres-zibeline, de rennes et de renards, beaucoup plus plus utiles sans doute à ceux qui nous les offraient qu'à nous, qui devions retourner vers les tropiques. Heureusement nous avions les moyens de nous acquitter, et nous demandâmes avec instance qu'il nous fût permis à notre tour d'offrir ce qui pouvait ne pas se trouver au Kamtschatka. Si nous étions plus riches que nos hôtes, nos manières ne pouvaient présenter cette bonté naïve et touchante, bien supérieure à tous les présents.

Je fis témoigner à M. Kaboroff, par M. de Lesseps, que je désirais former un petit établissement à terre pour loger nos astronomes et placer un quart de cercle et un pendule. La maison la plus commode du village nous fut offerte sur-le-champ, et comme nous ne la visitâmes que quelques heures après cette demande, nous crûmes pouvoir l'accepter sans indiscrétion, parce qu'elle nous parut inhabitée ; mais nous apprîmes depuis que le lieutenant avait délogé le caporal, son secrétaire, la troisième personne du pays, pour nous placer chez lui. La discipline russe est telle, que ces mouvements s'exécutent aussi promptement que ceux de l'exercice militaire, et qu'ils sont ordonnés par un simple signe de tête.

Nos astronomes eurent à peine dressé leur observatoire, que nos naturalistes, qui n'avaient pas moins de zèle, voulurent aller visiter le volcan, dont la distance paraissait moindre de deux lieues, quoiqu'il y en eût huit au moins à faire pour parvenir jusqu'au pied de cette montagne, presque entièrement couverte de neige, et au sommet de laquelle se trouve le cratère. La bouche de ce cratère, tournée vers la baie d'Avatscha, offrait sans cesse à nos yeux des tourbillons de fumée. Nous vîmes une seule fois pendant la nuit des flammes bleuâtres et jaunes ; mais elles ne s'élevèrent qu'à une très petite hauteur.

Le zèle de M. Kaboroff fut aussi ardent pour nos naturalistes que pour nos astronomes. Huit cosaques furent commandés aussitôt pour accompagner MM. Bernizet, Mongès et Receveur ; la santé de M. Lamanon n'était pas encore assez affermie pour qu'il pût entreprendre un pareil voyage. On n'en avait peut-être jamais fait pour les sciences d'aussi pénible, et aucun des savants, soit Anglais, soit Allemands ou Russes, qui avaient voyagé au Kamtschatka, n'avaient tenté une entreprise aussi difficile. L'aspect de la montagne me la faisait croire inaccessible : on n'y apercevait aucune verdure, mais seulement un roc vif, et dont le talus était extrêmement raide. Nos intrépides voyageurs partirent dans l'espoir de vaincre ces obstacles. Les Cosaques étaient chargés de leur bagage, qui consistait en une tente, différentes fourrures, et des vivres dont chacun s'était pourvu pour quatre jours.

L'honneur de porter les baromètres, les thermomètres, les acides et les autres objets propres aux observations, fut réservé aux naturalistes eux-mêmes, qui ne pouvaient confier à d'autres ces fragiles instruments ; leurs guides d'ailleurs ne devaient les conduire qu'au pied du pic, un préjugé, aussi ancien peut-être que le Kamtschatka, faisant croire aux Kamtschadales et aux Russes qu'il sort de la montagne des vapeurs qui doivent étouffer tous ceux qui auront la témérité d'y monter. Ils se flattaient sans doute que nos physiciens s'arrêteraient comme eux au pied du volcan, et quelques scoups d'eau-de-vie qu'on leur avait donnés avant le dépar leur avaient inspiré vraisemblablement ce tendre intérêt pour eux ; ils partirent gaîment avec cet espoir.

La première station fut au milieu des bois, à six lieues du hâvre de Saint-Pierre-et-Saint-Paul. On avait toujours voyagé sur un terrain peu difficile couvert de plantes et d'arbres dont le plus grand nombre étaient de l'espèce des bouleaux ; les sapins qui s'y trouvaient étaient rabougris et presque nains. Une de ces espèces porte des pommes de pin dont les graines ou petites noix sont bonnes à manger, et de l'écorce du bouleau découle une liqueur fort saine et assez agréable, que les Kamtschadales ont soin de recevoir dans des vases, et dont ils font un très grand usage. Des baies de toute espèce, rouges et noires, de toutes les nuances, s'offraient aussi sous les pas des voyageurs ; leur saveur est généralement un peu acide, mais le sucre les rend fort agréables.

Au coucher du soleil, la tente fut dressée, le feu allumé, et toutes les dispositions prises pour la nuit, avec une promptitude inconnue aux peuples accoutumés à passer leur vie sous des toîts.

On prit les plus grandes précautions pour que le feu ne s'étendît point aux arbres de la forêt : des coups de bâton sur le dos des cosaques n'auraient pu expier une faute aussi grave, parce que le feu met en fuites toutes les zibelines. Après un pareil accident on n'en trouve plus pendant l'hiver qui est la saison de la chasse, et comme la peau de ces animaux est la seule richesse du pays, celle qu'on donne en échange de toutes les denrées dont on a besoin, celle qui doit solder le tribut annuel dû à la couronne, on sent l'énormité d'un crime qui prive les Kamtschadales de tous ces avantages. Aussi les cosaques eurent-ils le plus grand soin de couper l'herbe autour du foyer, et de creuser, avant le départ, un trou profond pour recevoir les charbons, qu'ils étouffèrent en les couvrant de terre arrosée de beaucoup d'eau.

On n'aperçut dans cette journée d'autre quadrupède qu'un lièvre presque blanc; on ne vit ni ours, ni algalis, ni rennes, quoique ces animaux soient très communs dans le pays. Le lendemain, à la pointe du jour, on continua le voyage.

Il avait beaucoup neigé pendant la nuit, et, ce qui était pire encore, un brouillard épais couvrait la montagne du volcan, dont nos physiciens n'atteignirent le pied qu'à trois heures du soir. Leurs guides s'arrêtèrent suivant leur convention, dès qu'ils furent arrivés aux limites de la terre végétale; ils dressèrent leurs tentes et allumèrent du feu. Cette nuit de repos était bien nécessaire avant d'entreprendre la course du lendemain. MM. Bernizet, Mongès et Receveur, commencèrent à gravir à six heures du matin, et ne s'arrêtèrent qu'à trois heures après-midi, sur le bord même du cratère, mais dans sa partie inférieure.

Ils avaient eu souvent besoin de s'aider de leurs mains pour se soutenir entre ces rochers broyés, dont les intervalles présentaient des précipices très dangereux.

Nos voyageurs montèrent à environ 4,500 mètres, hauteur prodigieuse, relativement aux difficultés qu'ils eurent à vaincre. Mais ils furent si contrariés par les brouillards, qu'ils se déterminèrent à recommencer cette course le lendemain, si le temps était plus favorable : les difficultés n'avaient qu'accru leur zèle; ils descendirent la montagne avec cette courageuse résolution, et arrivèrent à leurs tentes.

La nuit étant commencée, leurs guides avaient déjà fait des prières pour eux, et avalé une partie des liqueurs, qu'ils ne croyaient plus nécessaires à des morts. Le lieutenant,

informé, au retour, de cette précipitation, fit donner aux plus
coupables cent coups de bâton, qui leur furent comptés avant
que nous en fussions instruits et qu'il nous eût été possible
de demander grâce. La nuit qui suivit ce voyage fut affreuse :
la neige redoubla : il en tomba plusieurs pieds d'épaisseur
en quelques heures. Il ne fut plus possible de songer à
l'exécution du plan de la veille, et on arriva le soir même
au village de Saint-Pierre-et-Saint-Paul, après un trajet de
huit lieues, moins fatiguant au retour par la pente naturelle
du terrain.

Pendant que nos lithologistes et nos astronomes employaient
si bien leur temps, nous remplissions d'eau nos futailles,
notre cale de bois, et nous coupions et faisions sécher du
foin pour nos bestiaux.

Au milieu de ces travaux, il nous restait du temps pour
nos plaisirs, et nous fîmes différentes parties de chasse sur
les rivières d'Avatscha et de Paratounka, car notre ambition
était de tuer des ours, des rennes ou des algalis. Il fallut
cependant nous contenter de quelques canards ou sarcelles,
qui ne valaient pas les courses longues et pénibles que nous
faisions pour un si chétif gibier. Nous fûmes plus heureux
par nos amis les Kamtschadales. Ils nous apportèrent pendant notre séjour quatre ours, un algali et un renne, avec
une telle quantité de plongeons et de macareux, que nous
en distribuâmes à tous nos équipages, qui étaient déjà lassés
de poisson. Un seul coup de filet, que nous donnions très
près de nos frégates, aurait suffi à la subsistance de six
bâtiments, mais les espèces de poissons étaient peu variées :
nous ne prîmes guère que de petites morues, des harengs,
des plies et des saumons. Je donnai ordre d'en saler quelques barriques seulement, parce qu'on me représenta que

tous ces poissons étaient si petits et si tendres, qu'ils ne
résisteraient pas à l'action corrosive du sel, et qu'il valait
mieux conserver ce sel pour les cochons que nous trouverions
sur les îles de la mer du Sud.

Pendant que nous passions des jours qui nous paraissaient
si doux après les fatigues de l'exploration que nous venions
de faire sur les côtes de l'Oku-Jesso et de la Tartarie,
M. Kasloff s'était mis en route pour le hâvre de Saint-Pierre-
et-Saint-Paul ; mais il voyageait lentement, parce qu'il voulait tout observer, et que son voyage avait pour objet d'établir dans cette province la meilleure administration possible. Il savait qu'on ne peut former à cet égard un plan
général qu'après avoir examiné les productions d'un pays,
et celles dont une culture soignée et relative au climat le
rend susceptible. Il voulait aussi connaître les pierres, les
minéraux, et généralement toutes les substances du sol de
la province. Ses observations l'avaient retenu quelques jours
aux Eaux-Chaudes, qui sont à vingt lieues de Saint-Pierre-
et-Saint-Paul ; il en rapporta différentes pierres et autres
matières volcaniques, avec une gomme que M. Mongès soumit
à l'analyse. Il dit fort honnêtement en arrivant qu'ayant
appris par les papiers publics que plusieurs naturalistes
habiles avaient été embarqués sur nos frégates, il avait voulu
profiter de cette circonstance heureuse pour connaître les
différentes substances de la presqu'île du Kamtschatka, et
s'instruire ainsi lui-même. Les politesses de M. Kasloff, ses
procédés, étaient absolument les mêmes que ceux des habitants le mieux élevés des grandes villes d'Europe. Il parlait
français. Il avait des connaissances sur tout ce qui faisait
l'objet de nos recherches, tant en géographie qu'en histoire
naturelle. Nous étions surpris qu'on eût placé au bout du

monde, dans un pays si sauvage, un officier d'un mérite qui eût été distingué chez toutes les nations de l'Europe.

Il est aisé de sentir que des liaisons même d'intimité durent bientôt s'établir entre le colonel Kasloff et nous. Le lendemain de son arrivée, il vint dîner à mon bord, avec M. Schmaleff et le curé de Karatounka. Je le fis saluer de treize coups de canon. Nos visages qui annonçaient une meilleure santé que celle dont nous jouissions à notre départ d'Europe, le surprirent extrêmement. Je lui dis que nous la devions un peu à nos soins et beaucoup à l'abondance où nous étions dans son gouvernement. M. Kasloff parut partager notre heureuse situation; mais il nous témoigna la plus vive douleur de l'impossibilité où il était de ramasser plus de sept bœufs avant l'époque de notre départ, qui était trop prochain pour songer à en faire venir de la rivière du Kamtschaka, distante de cent lieues de Saint-Pierre-et-Saint-Paul.

Il attendait depuis six mois le bâtiment qui devait apporter d'Okhotsk des farines et les autres provisions nécessaires à la garnison de cette province, et présumait avec chagrin que ce bâtiment devait avoir essuyé quelque malheur. La surprise où nous étions de n'avoir reçu aucune lettre diminua lorsque nous apprîmes de lui que, depuis son départ d'Okhotsk, il n'en avait reçu aucun courrier. Il ajouta qu'il allait y retourner par terre, en côtoyant la mer d'Okhotsk, voyage presque aussi long ou du moins plus difficile que celui d'Okhotsk à Pétersbourg.

Le gouverneur dîna le lendemain avec toute sa suite à bord de *l'Astrolabe*. Il y fut également salué de treize coups de canon; mais il nous pria avec instance de ne plus faire de compliment, afin que nous puissions le voir à l'avenir avec plus de liberté et de plaisir.

Il nous fut impossible de faire accepter au gouverneur le prix des bœufs. Nous eûmes beau représenter qu'à Manille nous avions acquitté toutes nos dépenses, malgré l'étroite alliance de la France avec l'Espagne, M. Kasloff nous dit que le gouvernement russe avait d'autres principes, et que son regret était d'avoir aussi peu de bestiaux à sa disposition. Il nous invita pour le jour suivant à un bal qu'il voulut donner, à notre occasion, à toutes les femmes, tant kamtschadales que russes, de Saint-Pierre-et-Saint-Paul. Si l'assemblée ne fut pas nombreuse, elle était au moins extrordinaire. Treize femmes vêtues d'étoffes de soie, dont dix kamtschadales avec de gros visages, de petits yeux et des nez plats, étaient assises sur des bancs autour de l'appartements. Les Kamtschadales avaient, ainsi que les Russes, des mouchoirs de soie qui leur enveloppaient la tête ; à peu près comme les portent les femmes mulâtres de nos colonies.

On commença par des danses russes, dont les airs sont très agréables, et qui ressemblent beaucoup à la cosaque qu'on a dansée à Paris il y a peu d'années. Les danses kamschadales leur succédèrent, danses vraiment convulsives où il ne faut que des bras, des épaules, et presque point des jambes aux danseurs.

Les danseuses kamtschadales, par leurs convulsions et leurs mouvements de contraction, inspirent un sentiment pénible à tous les spectateurs. Il est encore plus vivement excité par le cri de douleur qui sort du creux de la poitrine de ces danseuses, qui n'ont que cette musique pour mesure de leurs mouvements. Leur fatigue est telle pendant cet exercice, qu'elles sont toutes dégoûtantes de sueur, et restent étendues par terre sans avoir la force de se relever. Les abondantes exhalaisons qui émanent de leurs corps parfument l'appartement d'une odeur d'huile et de poisson à laquelle des nez européens sont trop peu accoutumés pour en sentir les délices.

Comme les danses de tous les peuples ont toujours été imitatives, et qu'elles ne sont en quelque sorte que des pantomimes, je demandai ce qu'avaient voulu exprimer deux de ces femmes qui venaient de faire un exercice si violent. On me répondit qu'elles avaient figuré une chasse d'ours : la femme qui se roulait à terre représentait l'animal, et l'autre qui tournait autour d'elle, le chasseur. Mais les ours, s'ils parlaient et voyaient une pareille pantomime, auraient beaucoup à se plaindre d'être si grossièrement imités.

Cette danse, presque aussi fatiguante pour les spectateurs que pour les acteurs, était à peine finie, qu'un cri de joie annonça l'arrivée du courrier d'Okhostk : il était chargé d'une grosse malle remplie de nos paquets. Le bal fut interrompue, et chaque danseuse renvoyée avec un verre d'eau-de-vie, digne rafraîchissement de ces Terpsichores. M. Kasloff, s'apercevant de l'impatience où nous étions d'apprendre des nouvelles de tout ce qui nous intéressait en Europe, nous pria avec instance de ne pas différer ce plaisir. Il nous établit dans sa chambre, et se retira pour ne pas gêner l'épanchement des divers sentiments dont nous pouvions être affectés, suivant les nouvelles que chacun de nous recevrait de sa famille ou de ses amis. Elles furent heureuses pour tous, mais plus particulièrement pour moi, qui, par une faveur à laquelle je n'osais aspirer, avais été promu au grade de chef d'escadre. Les compliments que chacun s'empressait de me faire parvinrent bientôt à M. Kasloff, qui voulut célébrer cet événement par le bruit de toute l'artillerie de sa place. Je me rappellerai toute ma vie, avec l'émotion la plus vive les marques d'amitié et d'affection, que je reçus de lui dans cette occasion.

Je n'ai point passé avec ce gouverneur un instant qui ne fût marqué par quelque trait de bonté ou d'attention, et il est inutile de dire que, depuis son arrivée, tous les habitants du pays chassaient ou pêchaient pour nous : nous ne pouvions suffire à consommer tant de provisions. Il y joignait des présents de toute espèce pour M. de Langle et moi : nous fûmes forcés d'accepter un traîneau de Kamtschadales pour la collection des curiosités du roi, et deux aigles royaux pour la ménagerie, ainsi que beaucoup de zibelines. Nous lui offrîmes, à notre tour, ce que nous imaginions pouvoir lui être utile ou agréable, mais nous n'étions riches qu'en effets de traite pour les sauvages, et nous n'avions rien qui fût digne de lui. Nous le priâmes d'accepter la Relation du troisième voyage de Cook, qui paraissait lui faire grand plaisir.

Il avait à sa suite presque tous les personnages que l'éditeur a mis sur la scène : M. Schmaleff, le bon curé de Paratounka, le malheureux Isvachkin; il leur traduisait tous les articles qui les regardaient, et ils répétaient à chaque fois que tout était de la plus exacte vérité. Le sergent seul qui commandait alors au hâvre de Saint-Pierre-et-Saint-Paul était mort; les autres jouissaient de la meilleure santé, et habitaient encore le pays, excepté le major Behm, qui était retourné à Pétersbourg, et Port, qui résidait à Irkoutsk. .

Je témoignai à M. Kasloff ma surprise de trouver le vieillard Ivaschkin au Kamtschatka, les relations anglaises annonçant qu'il avait enfin obtenu la permission d'aller habiter Okhostk.

Nous ne pûmes nous empêcher de prendre le plus vif intérêt à cet infortuné, en apprenant que son seul délit consistait dans quelques propos indiscrets tenus sur l'impératrice Elisabeth, au sortir d'une partie de table où le vin avait égaré sa raison. Il était alors âgé de moins de vingt ans, officier aux gardes, d'une famille distinguée de Russie, d'une figure aimable, que le temps ni les malheurs n'ont pu changer. Il fut dégradé, envoyé en exil au fond du Kamschatka, après avoir reçu le knout et avoir eu les narines fendues. L'impératrice Catherine, dont les regards s'étendent jusque sur les victimes des règnes qui ont précédé le sien, a fait grâce depuis plusieurs années à cet infortuné; mais un séjour de plus de cinquante ans au milieu des vastes forêts du Kamtschatka, le souvenir amer du supplice honteux qu'il a subi, peut être un secret sentiment de haine pour une autorité qui a si cruellement puni une faute que les circonstances pouvaient excuser, ces divers motifs l'ont rendu insensible à cet acte tardif de justice, et il se proposait de mourir en Sibérie.

Nous le priâmes d'accepter du tabac, de la poudre, du plomb, du drap, et généralement tout ce que nous jugions lui être utile. Il avait été élevé à Paris; il entendait encore un peu le français, et il retrouva beaucoup de mots pour nous exprimer sa reconnaissance. Il aimait M. Kasloff comme son père; il l'accompagnait dans son voyage par affection, et ce bon gouverneur avait pour lui des égards bien propres à opérer dans son âme l'entier oubli de ses malheurs. Il nous rendit le service de nous faire connaître le tombeau de M. de La Croyère, qu'il avait vu enterrer au Kamtschaka en 1741. Nous y attachâmes l'inscription suivante, gravée sur le cuivre, et composée par Dagelet, membre, comme lui, de l'Académie des sciences.

« Ci-gît Louis de l'Isle de La Croyère, de l'Académie royale des sciences de Paris, mort en 1741, au retour d'une expédition par ordre du czar, pour reconnaître les côtes d'Amérique. Astronome et géographe, émule de deux frères célèbres dans les sciences, il mérita les regrets de sa patrie. En 1786, M. le comte de La Pérouse, commandant les frégates du roi *la Boussole* et *l'Astrolabe*, consacra sa mémoire en donnant son nom à une île près des lieux où ce savant avait abordé. »

Nous demandâmes à M. Kasloff la permission de faire graver sur une plaque du même métal l'inscription du tombeau du capitaine Clerke, qui n'était que tracée au pinceau sur le bois, matière trop destructible pour perpétuer la mémoire d'un navigateur si estimable. Le gouverneur eut la bonté d'ajouter aux permissions qu'il nous donna la promesse de faire élever incessamment un monument plus digne de ces deux hommes célèbres qui ont succombé dans leurs pénibles travaux.

La petite vérole, en 1769, a diminué des trois quarts le nombre des individus de la nation kamtschadale, qui est réduite aujourd'hui, dans toute la presqu'île, à moins de quatre mille indigènes, et elle disparaîtra bientôt entièrement par le mélange continuel des Russes et des Kamtschadales, qui se marient fréquemment ensemble. Une race de métis, plus laborieux que les Russes, qui ne sont propres qu'à être soldats, beaucoup plus forts et d'une forme moins disgraciée de la nature que les Kamtschadales, naîtra de ces mariages et succèdera aux anciens habitants.

Les naturels ont déjà abandonné les yourtes dans lesquelles ils se terraient, comme des blaireaux, pendant tout l'hiver, et où ils respiraient un air infect qui occasionnait beaucoup de maladies. Les plus riches d'entre eux construisent aujourd'hui des ibas ou maisons de bois, à la manière des Russes. Elles ont absolument la même forme que les chaumières de nos paysans; elles sont divisées en trois petites chambres; un poêle en brique les échauffe, et y entretient une chaleur de plus de trente degrés, insupportable aux personnes qui n'en ont pas l'habitude. Les autres passent l'hiver, comme l'été, dans des balagans, qui sont des espèces de colombiers de bois, couverts en chaume, élevés sur des piquets de 3 à 4 mètres de hauteur, et où les femmes, ainsi que les hommes, montent par des échelles très difficiles, mais bientôt ces derniers bâtiments disparaîtront.

Les Kamtschadales ont l'esprit imitatif, ils adoptent presque tous les usages de leurs vainqueurs : les femmes sont déjà coiffées et presque entièrement vêtues à la manière des Russes, dont la langue prévaut dans tous les ostrogs, ce qui est fort heureux, parce que chaque village kamtschadale avait un jargon différent, et les habitants d'un hameau n'entendaient pas ceux du hameau voisin.

M. Kasloff nous marquait une si grande confiance, que nous aurions bien voulu lui communiquer les détails de notre campagne; son extrême discrétion à cet égard mérite nos éloges. Nous lui donnâmes néanmoins un petit précis de notre voyage, et nous ne lui laissâmes pas ignorer que nous avions doublé le cap Horn, visité la côte du nord-ouest de l'Amérique, abordé à la Chine, aux Philippines, d'où nous étions arrivés au Kamtschatka. Nous ne nous permîmes pas d'entrer dans d'autres détails; mais je l'assurai que, si la publication de notre campagne était ordonnée, je lui adresserais un des premiers exemplaires de notre relation.

J'avais déjà obtenu la permission d'envoyer mon journal en France par M. de Lesseps, notre jeune interprète russe. Ma confiance dans M. Kasloff et dans le gouvernement de Russie ne m'aurait certainement laissé aucune inquiétude, si j'avais été obligé de remettre mes paquets à la poste; mais je crus rendre service à ma patrie en procurant à M. de Lesseps l'occasion de connaître par lui-même les diverses provinces de l'empire de Russie, où vraisemblablement il remplacera un jour son père, notre consul-général à Pétersbourg. M. Kasloff me dit obligeamment qu'il l'acceptait pour son aide-de-camp jusqu'à Okhotsk, d'où il lui faciliterait les moyens de se rendre à Pétersbourg, et que, dès ce moment, il faisait partie de sa famille. Une politesse si douce, si aimable, est plus vivement sentie, qu'exprimée; elle nous faisait regretter le temps que nous avions passée dans la baie d'Avatscha pendant qu'il était à Bolcheretsk.

Le froid nous avertissait qu'il était temps de songer à partir; le terrain, que nous avions trouvé à notre arrivée, le 7 septembre, du plus beau vert, était aussi jaune et aussi brûlé, le 25 du même mois, qu'il l'est à la fin de décembre aux environs de Paris; toutes les montagnes élevées de 600 mètres au-dessus du niveau de la mer étaient couvertes

de neige. Je donnai ordre de tout disposer pour le départ,
et nous mîmes sous voiles le **29**. **M**. Kasloff vint prendre
congé de nous, et le calme nous ayant forcés de mouiller
au milieu de la baie, il dîna à bord. Je l'accompagnai à
terre avec M. de Langle et plusieurs officiers, il nous y
donna un très-bon souper et un nouveau bal. Le lendemain,
à la pointe du jour, les vents ayant passé au nord, je fis
signal d'appareiller.

Nous étions à peine sous voiles, que nous entendîmes un
salut de toute l'artillerie de Saint-Pierre-et-Saint-Paul. Je
fis rendre ce salut, qui fut renouvelé lorsque nous fûmes
dans le goulet, le gouverneur ayant envoyé un détachement
pour nous faire rendre les honneurs du départ à l'instant
où nous passerions devant la petite batterie qui est au nord
du fanal de l'entrée.

Nous ne pûmes quitter sans attendrissement M. de Lesseps,
que ses qualités précieuses nous avaient rendu cher ; et que
nous laissions sur une terre étrangère au moment d'entreprendre un voyage aussi long que pénible. Nous emportâ-
mes de ce pays le souvenir le plus doux, avec la certitude
que, dans aucune contrée, dans aucun siécle, on n'a jamais porté plus loin les égards et les soins de l'hospitalité.

**Départ du Kamtschatka. — Ile des Navigateurs.
Ile de Maouna. — Mœurs des habitants. — M. de Langle
est assassiné avec onze autres personnes.**

En quittant le Kamtschatka je dirigeai ma navigation vers l'hémisphère sud, dans ce vaste champ de découvertes où les routes des Quiros, des Mindana, etc.. sont croisées en tous sens par celles des navigateurs modernes, et où chacun de ceux-ci a ajouté quelques îles nouvelles aux îles déjà connues, mais sur lesquelles la curiosité des Européens avait à désirer des détails plus circonstanciés que ceux qui se trouvent dans les relations des premiers navigateurs.

On sait que, dans cette vaste partie du Grand-Océan équatorial, il existe une zone de 12 à 15 degrés environ du nord au sud, et de 140 degrés de l'est à l'ouest, parsemée d'îles qui sont, sur le globe terrestre, ce qu'est la voie lactée dans le ciel. Le langage, les mœurs de leurs habitants ne nous sont plus inconnus, et les observations qui ont été faites par les derniers voyageurs nous permettent même de former des conjectures probables sur l'origine de ces peuples, qu'on peut attribuer aux Malais, comme celle de différentes colonies des côtes d'Espagne et d'Afrique aux Phéniciens.

C'est dans cet archipel que mes instructions m'ordonnaient de naviguer pendant la troisième année de notre

campagne. La partie occidentale et méridionale de la Nouvelle-Calédonie, dont la côte orientale fut découverte par
le capitaine Cook dans son second voyage; les îles du sud
de l'archipel des Arsacides, dont celles du nord avaient été
reconnues par Surville; la partie septentrionale des terres
de la Louisiade, que M. de Bougainville n'avait pu explorer,
mais dont il avait le premier prolongé la côte du sud-est,
tous ces points de géographie avaient principalement fixé
l'attention du gouvernement, et il m'était enjoint d'en
marquer les limites, et de les assujettir à des détermina-
tions précises de latitude et de longitude.

Les îles de la Société, celles des Amis, celles des Hébri-
des, etc., étaient connues et ne pouvaient plus intéresser
la curiosité des Européens; mais comme elles offraient des
ressources en vivres, il m'était permis d'y relâcher suivant
le besoin que j'en aurais, et l'on avait présumé, avec raison, qu'en sortant du Kamtschatka j'aurais une bien petite
provision de vivres frais, si nécessaires à la conservation
de la santé des marins.

Le 3 décembre nous atteignimes les îles des Navigateurs
de Bougainville, qui sont une découverte des Français, et
où nous pouvions espérer de trouver quelques rafraîchissements dont nous avions grand besoin.

Nous eûmes connaissance de l'île la plus orientale de cet
archipel le 6 décembre, à trois heures après-midi. Nous
fîmes route pour l'approcher, jusqu'à onze heures du soir,
et nous nous tînmes bord sur bord le reste de la nuit.
Comme je me proposais d'y mouiller si j'y trouvais un
ancrage, je passai par le canal qui est entre la grande et
la petite île que M. de Bougainville avait laissée dans le

sud. Il est étroit, et n'a qu'une lieue de largeur ; mais il paraissait sain et sans aucun danger.

Nous n'aperçûmes de pirogues que lorsque nous fûmes dans le canal. Nous avions vu des habitations au vent de l'île, et un groupe considérable d'Indiens, assis en rond sous des cocotiers, paraissaient jouir sans émotion du spectacle que la vue de nos frégates leur donnait. Ils ne lancèrent alors aucune pirogue à la mer, et ne nous suivirent pas le long du rivage. Cette terre, d'environ 600 mètres d'élévation, est très escarpée, et couverte jusqu'à la cime, de grands arbres, parmi lesquels nous distinguions un grand nombre de cocotiers. Les maisons en sont bâties à peu près à mi-côte, et, dans cette position, les insulaires y respirent un air plus tempéré. Nous remarquions auprès quelques terres défrichées, qui devaient être plantées vraisemblablement en patates ou en ignames ; mais en totalité cette île paraît peu fertile, et dans toute autre partie de la mer du Sud je l'aurais crue inhabitée. Mon erreur eût été d'autant plus grande, que même deux petites îles qui forment le côté occidental du canal par lequel nous avons passé ont aussi leurs habitants.

Nous vîmes s'en détacher cinq pirogues, qui se joignirent à onze autres, sorties de l'île de l'est. Les pirogues, après avoir fait plusieurs fois le tour de nos deux bâtiments avec un air de méfiance, se hasardèrent enfin à nous approcher et à former avec nous quelques échanges, mais si peu considérables que nous n'en obtînmes qu'une vingtaine de cocos et deux poules-sultanes bleues. Ces insulaires étaien', comme tous ceux de la mer du Sud, de mauvaise foi dans leur commerce, et lorsqu'ils avaient reçu d'avance le prix de leurs cocos, il était rare qu'ils ne s'éloignassent pas sans avoir livré les objets d'échange convenus. Ces vols étaient, à la vérité, de bien peu d'importance, et quelques colliers de rassade, avec de petits coupons de drap rouge, ne valaient guère la peine d'être réclamés.

Avant de doubler les deux pointes méridionales du canal, nous restâmes en calme plat, ballotés par une assez grosse houle qui me fit craindre d'aborder l'*Astrolabe*. Heureusement quelques folles brises nous tirèrent bientôt de cette situation désagréable. Elle ne nous avait pas permis de faire attention à la harangue d'un vieux Indien qui tenait une branche de kava à la main, et prononçait un discours assez long. Nous savions par la lecture de différents voyages que c'était un signe de paix, et, en lui jetant quelques étoffes, nous lui répondîmes par le mot *tayo*, qui veut dire *ami* dans l'idiome de plusieurs peuples des îles de la mer du Sud ; mais nous n'étions pas encore assez exercés pour entendre et prononcer distinctement les mots des vocabulaires que nous avions extraits des voyages de Cook.

Lorsque nous fûmes enfin atteints par la brise, nous fîmes de la voile pour nous écarter de la côte et sortir de la lisière des calmes. Toutes les pirogues nous abordèrent alors. Elles marchent en général assez bien à la voile, mais très médiocrement à la pagaie. Ces embarcations ne pourraient servir à des peuples moins bons nageurs que ceux-ci. Elles chavirent à chaque instant ; mais cet accident les surprend et les inquiète moins que chez nous la chute d'un chapeau. Ils soulèvent sur leurs épaules la pirogue submergée, et, après en avoir vidé l'eau, ils y rentrent, bien certain d'avoir à recommencer cette opération une demi-heure après, l'équilibre étant presque aussi difficile à garder dans ces frêles bâtiments que l'est celui de nos voltigeurs sur leurs cordes.

Ces insulaires sont généralement grands, et leur taille moyenne me parut être de 1 mètre 85 à 90 centimètres. La couleur de leur peau est à peu près celle des Algériens ou des autres peuples de la côte de Barbarie. Leurs cheveux sont longs et retroussés sur le sommet de la tête. Leur physionomie paraissait peu agréable. Je ne vis que deux femmes, et leurs traits n'avaient pas plus de délicatesse. La plus jeune, à laquelle on pouvait donner dix-huit ans, avait sur une jambe un ulcère affreux et dégoûtant. Plusieurs de ces insulaires avaient des plaies considérables, et il serait possible que ce fut un commencement de lèpre, car je remarquai parmi eux deux hommes dont les jambes ulcérées et aussi grosses que le corps ne pouvaient laisser aucun doute sur le genre de leur maladie. Ils nous approchèrent avec crainte et sans armes, et tout annonce qu'ils sont aussi paisibles que les habitants des îles de la Société ou des Amis.

Nous croyions qu'ils étaient partis sans retour, et leur pauvreté apparente ne nous laissait qu'un faible regret; mais la brise ayant beaucoup molli dans l'après-midi, les mêmes pirogues, auxquelles s'en joignirent plusieurs autres, vinrent à deux lieues au large nous proposer de nouveaux échanges. Elles avaient été à terre en nous quittant, et elles revenaient un peu plus richement chargées que la première fois. Nous obtînmes des insulaires, à cette reprise, plusieurs curiosités relatives à leurs costumes, cinq poules, dix poules-sultanes, un petit cochon, et la plus charmante tourterelle que nous eussions vue. Elle était blanche, sa tête du plus beau violet, ses ailes vertes, et sa guimpe semée de petites taches rouges et blanches , semblables à des feuilles d'anémone. Ce petit animal était privé , mangeait dans la main et dans la bouche; mais il n'était guère vraisemblable qu'il pût arriver vivant en Europe. En effet, sa mort ne nous permit que de conserver sa robe, qui perdit bientôt tout son éclat. Comme *l'Astrolabe* nous avait toujours précédés dans cette route, les pirogues avaient toutes commencé leurs échanges avec M. de Langle, qui avait acheté des Indiens deux chiens, que nous trouvâmes très bons.

Quoique les pirogues de ces insulaires soient artistement construites, et qu'elles soient une preuve de leur habileté à travailler le bois, nous ne pûmes jamais parvenir à leur faire accepter nos haches ni aucun instrument de fer. Ils préféraient quelques grains de verre, qui ne pouvaient leur être d'aucune utilité, à tout ce que nous offrions en fer et en étoffes. Ils nous vendirent un vase de bois rempli d'huile de coco. Ce vase avait absolument la forme d'un de nos pots de terre , et un ouvrier européen n'aurait jamais cru pouvoir le façonner autrement que sur le tour. Leurs cordes sont rondes et tressées comme nos chaînes de montre. Leurs nattes sont très fines, mais leurs étoffes inférieures par la couleur et le tissu à celle des îles de Pâques et de Sandwich. Il paraît d'ailleurs qu'elles sont fort rares, car tous ces insulaires étaient presque nus, et ils ne nous en vendirent que deux pièces.

Comme nous étions certains de rencontrer plus à l'ouest une île beaucoup plus considérable, auprès de laquelle nous pouvions nous flatter de trouver au moins un abri, si même il n'y avait un port, nous remîmes à faire des observations plus étendues après notre arrivée dans cet île, qui, suivant le plan de M. Bougainville, ne doit être séparée du dernier îlot que nous avions par nos travers à l'entrée de la nuit que par un canal de huit lieues. Je ne fis que trois ou quatre lieues à l'ouest après le coucher du soleil, et je passai le reste de la nuit bord sur bord, à petites voiles. Je fus très surpris, au jour, de ne pas voir la terre sous le vent, et je n'en eus connaissance qu'à six heures du matin, parce que le canal est infiniment plus large que celui qu'on nous indique sur le plan qui m'avait servi de guide.

Nous n'atteignîmes la pointe du nord-est de l'île Maouna qu'à cinq heures du soir. Etant dans l'intention d'y chercher un mouillage, je fis signal à *l'Astrolabe* de serrer le vent, afin de tenir bord sur bord pendant la nuit, au vent de l'île, et d'avoir toute la journée du lendemain pour en explorer les plus petits détails. Quoiqu'à trois lieues de terre, trois ou quatre pirogues vinrent ce même soir à bord, nous apporter des cochons et des fruits, qu'elles échangèrent contre des rassades, ce qui nous donna la meilleure opinion de la richesse de cette île.

Le 9 décembre au matin je rapprochai la terre, et nous la prolongeâmes à une demi-lieue de distance. Elle est environnée d'un récif de corail, sur lequel la mer brisait avec fureur; mais ce récif touchait presque le rivage, et la côte formait différentes petites anses, devant lesquelles on voyait des intervalles par où pouvaient passer les pirogues, et même vraisemblablement nos canots et chaloupes. Nous découvrîmes des villages nombreux au fond de chacune des anses, d'où il était sorti une innombrable quantité de pirogues chargées de cochons, de cocos et d'autres fruits, que nous échangions contre des verroteries. Une abondance aussi grande augmentait le désir que j'avais d'y mouiller ; nous voyions d'ailleurs l'eau tomber en cascades du haut des montagnes au pied des villages. Tant de biens ne me rendaient pas difficile sur l'ancrage. Je fis serrer la côte de plus près, et à quatre heures, ayant trouvé, à un mille du rivage et par trente brasses, un banc composé de coquillages pourris et de très peu de corail, nous y laissâmes tomber l'ancre ; mais nous fûmes ballotés par une houle très forte qui portait à terre, quoique le vent vînt de la côte. Nous mîmes aussitôt nos canots à la mer, et le même jour, M. de Langle et plusieurs officiers, avec trois canots armés des deux frégates, descendirent au village, où ils furent reçus des habitants de la manière la plus amicale.

La nuit commençait lorsqu'ils abordèrent au rivage. Les Indiens allumèrent un grand feu pour éclairer le lieu du débarquement, ils apportèrent des oiseaux, des cochons, des fruits. Après un séjour d'une heure, nos canots retournèrent à bord. Chacun paraissait satisfait de cet accueil, et nos seuls regrets étaient de voir nos vaisseaux mouillés dans une si mauvaise rade, où les frégates roulaient comme en pleine mer.

Le lendemain, le lever du soleil m'annonça une belle journée. Je formai la résolution d'en profiter pour reconnaître le pays, observer les habitants dans leurs propres foyers, faire de l'eau, et appareiller ensuite, la prudence ne me permettant pas de passer une seconde nuit dans ce mouillage. M. de Langle avait aussi trouvé un ancrage trop dangereux pour y faire un plus long séjour. Il fut donc convenu que nous appareillerions dans l'après-midi, et que la matinée, qui était très belle, serait employée en partie à traiter des fruits et des cochons. Dès la pointe du jour, les insulaires avaient conduits auprès des deux frégates cent pirogues remplies de différentes provisions, qu'ils ne voulaient échanger que contre des rassades : c'étaient pour eux des diamants du plus grand prix. Ils dédaignaient nos haches, nos étoffes et tous nos autres articles de traite.

Pendant qu'une partie de l'équipage était occupée à contenir les Indiens, et faire le commerce avec eux, le reste remplissait les canots et les chaloupes de futailles vides pour aller faire de l'eau.

Nos deux chaloupes armées, commandées par MM. de Clonard et Collinet, celles de *l'Astrolabe,* par MM. de Monty et Bellegarde, partirent, dans cette vue, à cinq heures du matin, pour une baie éloignée d'environ une lieue, et un peu au vent, situation assez commode, parce que nos canots chargés d'eau pouvaient revenir à la voile et au grand largue. Je suivis de très près MM. de Clonard et de Monty, dans ma biscaïenne, et j'abordai au rivage en même temps qu'eux ; malheureusement, M. de Langle voulut, avec son petit canot, aller se promener dans une seconde anse, éloignée de notre aiguade d'environ une lieue, et cette promenade, d'où il revint enchanté, transporté par la beauté du village qu'il avait visité, fut, comme on le verra, la cause de nos malheurs.

L'anse vers laquelle nous dirigeâmes la route de nos chaloupes était grande et commode ; les canots et les chaloupes y restaient à flot, à la marée basse, à une demi-portée de pistolet du rivage ; l'aiguade était belle et facile. MM. de Clonard et Monty établirent le meilleur ordre ; une haie de soldats fut postée entre le rivage et les Indiens. Ceux-ci étaient environ deux cents, et dans ce nombre il y avait beaucoup de femmes et d'enfants. Nous les engageâmes tous à s'asseoir sous des cocotiers qui n'étaient qu'à 24 mètres de distance de nos chaloupes. Chacun avait auprès de lui des cochons, des perruches, des pigeons, des fruits ; tous voulaient les vendre à la fois, ce qui occasionnait un peu de confusion.

Leurs manières étaient douces, gaies et engageantes, aussi notre marché continua-t-il à la grande satisfaction des vendeurs et des acheteurs.

Cependant il s'était passé dans notre chaloupe une scène qui était une véritable hostilité, et que je voulus réprimer sans effusion de sang. Un Indien était monté sur l'arrière de notre chaloupe ; là il s'était emparé d'un maillet, et en avait asséné plusieurs coups sur les bras et le dos d'un de nos matelots. J'ordonnai à quatre des plus forts marins de s'élancer sur lui, et de le jeter à la mer, ce qui fut exécuté sur-le-champ.

Les autres insulaires parurent improuver la conduite de leur compatriote, et cette rixe n'eut point de suite. Peut-être un exemple de sévérité eût-il été nécessaire pour imposer davantage à ces peuples, et leur faire connaître combien la force de nos armes l'emportait sur leurs forces individuelles : car leur taille, d'environ 1 mètre 90 centimètres, leurs membres fortement prononcés et dans les proportions les plus colossales, leur donnaient d'eux-mêmes une idée de supériorité qui nous rendait bien peu redoutables à leurs yeux ; mais, n'ayant que très peu de temps à rester parmi ces insulaires, je ne crus pas devoir infliger de peine plus grave à celui qui nous avait offensés, et pour leur donner quelque idée de notre puissance, je me contentai de faire acheter trois pigeons, qui furent lancés en l'air et tués à coups de fusil devant l'assemblée. Cette action parut leur avoir inspiré quelque crainte, et j'avoue que j'attendais plus de ce sentiment que de celui de la bienveillance, dont l'homme à peine sorti de l'état sauvage est rarement susceptible.

Pendant que tout se passait avec la plus grande tranquillité, et que nos futailles se remplissaient d'eau, je crus pouvoir m'écarter d'environ deux cents pas pour aller visiter un village charmant, situé au milieu d'un bois, ou plutôt d'un verger, dont les arbres étaient chargés de fruits. Les maisons étaient placées sur la circonférence d'un cercle d'environ 125 mètres de diamètre, dont le centre formait une vaste place, tapissée de la plus belle verdure. Les arbres qui l'ombrageaient entretenaient une fraîcheur délicieuse. Des femmes, des enfants, des vieillards, m'accompagnaient et m'engageaient à entrer dans leurs maisons. Ils étendaient les nattes les plus fines et les plus fraîches sur le sol, formé par de petits cailloux choisis, et qu'ils avaient élevés d'environ deux pieds pour se garantir de l'humidité. J'entrai dans la plus belle de ces cases, qui, vraisemblablement, appartenait au chef, et ma surprise fut extrême de voir un vaste cabinet de treillis aussi bien exécuté que ceux des environs de Paris. Le meilleur architecte n'aurait pu donner une courbure plus élégante aux extrémités de l'ellipse qui terminait cette case. Un rang de colonnes, à 1 mètre 67 centimètres de distance les unes des autres, en formait le pourtour. Ces colonnes étaient faites de troncs d'arbres très proprement travaillés, entre lesquels des nattes fines, artistement recouvertes les unes par les autres en écaille de poisson, s'élevaient ou se baissaient avec des cordes, comme nos jalousies. Le reste de la maison était couvert de feuilles de cocotier.

Ce pays charmant réunissait encore le double avantage d'une terre fertile sans culture, et d'un climat doux et salubre. Des arbres à pain, des cocos, des bananes, des goyaves, des oranges, présentaient à ces peuples fortunés une nourriture saine et abondante ; des poules, des cochons, des chiens, qui vivaient de l'excédant de ces fruits, leur offraient une agréable variété de mets. Ils étaient si riches, ils avaient si peu de besoins, qu'ils dédaignaient nos instruments de fer et nos étoffes, et ne voulaient que des rassades ; comblés de biens réels, ils ne désiraient que des inutilités.

Ils avaient vendu à notre marché plus de deux cents pigeons-ramiers privés, qui ne voulaient manger que dans la main ; ils avaient aussi échangé les tourterelles et les perruches les plus charmantes, aussi privées que les pigeons. Quelle imagination ne se peindrait le bonheur dans un séjour aussi délicieux ! Ces insulaires, disions-nous sans cesse, sont sans doute les plus heureux habitants de la terre, entourés de leurs femmes et de leurs enfants, ils coulent au sein du repos des jours purs et tranquilles ; ils n'ont d'autres soins que celui d'élever des oiseaux, et, comme le premier homme, de cueillir, sans aucun travail, les fruits qui croissent sur leurs têtes. Nous nous trompions : ce beau séjour n'était pas celui de l'innocence. Nous n'apercevions, à la vérité, aucune arme ; mais les corps de ces Indiens couverts de cicatrices, prouvaient qu'ils étaient souvent en guerre ou en querelles entre eux, et leurs traits annonçaient une férocité extraordinaire. La nature avait sans doute laissé cette empreinte sur la figure des Indiens pour avertir que l'homme presque sauvage et dans l'anarchie est un être plus méchant que les animaux les plus féroces.

Cette première visite se passa sans aucune rixe capable d'entraîner des suites fâcheuses. J'appris cependant qu'il y avait eu des querelles particulières, mais qu'une grande prudence les avait rendues nulles. On avait jeté des pierres à M. Rollin, notre chirugien-major ; un insulaire en feignant d'admirer un sabre de Monneron, avait voulu le lui arracher, et, n'étant resté maître que du fourreau, il s'était enfui tout effrayé en voyant le sabre nu. J'apercevais qu'en général ces insulaires étaient très turbulents, et fort peu subordonnés à leurs chefs ; mais je comptais partir dans l'après-midi, et je me félicitais de n'avoir donné aucune importance aux petites vexations que nous avions éprouvées. Vers midi je retournai à bord dans ma biscaïenne, et les chaloupes m'y suivirent de très près. Il me fut difficile d'aborder, parce que les pirogues environnaient nos deux frégates, et que notre marché ne désemplissait point. J'avais chargé M. Boutin du commandement de la frégate, lorsque j'étais descendu à terre, et je l'avais laissé maître d'établir la police qu'il croirait convenable, en permettant à quelques insulaires de monter à bord, ou en s'y opposant absolument, suivant les circonstances.

Je trouvai sur le gaillard sept ou huit Indiens, dont le plus vieux me fut présenté comme un chef. M. Boutin me dit qu'il n'aurait pu les empêcher de monter à bord qu'en ordonnant de tirer sur eux ; que, lorsqu'ils comparaient leurs forces physiques aux nôtres, ils riaient de nos menaces et se moquaient de nos sentinelles ; que, de son côté, connaissant mes principes de modération, il n'avait pas voulu employer des moyens violents, qui cependant pouvaient seuls les contenir. Il ajouta que, depuis la présence du chef, les insulaires qui l'avaient précédé à bord étaient devenus plus tranquilles et moins insolents. Je fis à ce chef beaucoup de présents, et lui donnai les marques de la plus grande bienveillance. Voulant ensuite lui inspirer une haute opinion de nos forces, je fis faire devant lui différentes épreuves sur l'usage de nos armes; mais leur effet fit peu d'impression sur lui, et il me parut qu'il ne les croyait propres qu'à détruire des oiseaux. Nos chaloupes arrivèrent chargées d'eau, et je fis disposer tout pour appareiller et profiter d'une petite brise de terre qui nous faisait espérer d'avoir le temps de nous éloigner un peu de la côte.

M. de Langle revint au même instant de sa promenade. Il me rapporta qu'il était descendu dans un superbe port de bateaux situé au pied d'un village charmant, et près d'une cascade de l'eau la plus limpide. En passant à son bord il avait donné des ordres pour appareiller. Il en sentait comme moi la nécessité; mais il insista avec la plus grande force pour que nous restassions bord sur bord à une lieue de la côte, et que nous fissions encore quelques chaloupes d'eau avant de nous éloigner de l'île. J'eus beau lui représenter que nous n'en avions pas le moindre besoin : il avait adopté le système du capitaine Cook, il croyait que l'eau fraîche était cent fois préférable à celle que nous avions dans la cale, et, comme quelques personnes de son équipage avaient de légers symptômes de scorbut, il pensait avec raison que nous leur devions tous les moyens de soulagement. Aucune île d'ailleurs ne pouvait être comparée à celle-ci pour l'abondance des provisions. Les deux frégates avaient déjà traité de plus de cinq cents cochons, d'une grande quantité de poules, de pigeons et de fruits, et tant de biens ne nous avaient coûtés que quelques grains de verre.

Je sentais la vérité de ces réflexions, mais un secret pressentiment m'empêcha d'abord d'y acquiescer. Je lui dis que je trouvais ces insulaires trop turbulents pour risquer d'envoyer à terre des canots et des chaloupes qui ne pouvaient être soutenus par le feu de nos vaisseaux; que notre modération n'avait servi qu'à accroître le hardiesse de ces Indiens, qui ne calculaient que nos forces individuelles, très inférieures aux leurs. Mais rien ne put ébranler la résolution de M. de Langle; il me dit que ma résistance me rendait responsable des progrès du scorbut, qui commençait à se manifester avec assez de violence, et que d'ailleurs le port dont il me parlait était beaucoup plus commode que celui de notre aiguade; il me pria enfin de permettre qu'il se mît à la tête de la première expédition, m'assurant que dans trois heures il serait de retour à bord avec toutes les embarcations pleines d'eau.

M. de Langle était un homme d'un jugement si solide et d'une telle capacité, que ces considérations, plus que tout autre motif, déterminèrent mon consentement, ou plutôt firent céder ma volonté à la sienne. Je lui promis donc que nous tiendrions bord sur bord toute la nuit, que nous expédierions le lendemain nos deux chaloupes et nos deux canots, armés comme il le jugerait à propos, et que le tout serait à ses ordres. L'événement acheva de nous convaincre qu'il était temps d'appareiller. En levant l'ancre nous trouvâmes un toron du câble coupé par le corail et deux heures plus tard le câble l'eût été entièrement. Comme nous ne mîmes sous voiles qu'à quatre heures après-midi, il était trop tard pour songer à envoyer nos chaloupes à terre, et nous remîmes leur départ au lendemain.

La nuit fut orageuse, et les vents, qui changeaient à chaque instant, me firent prendre le parti de m'éloigner de la côte d'environ trois lieues. Au jour, le calme plat ne me permit pas d'en approcher. Ce ne fut qu'à neuf heures qu'il s'éleva une petite brise du nord-est, avec laquelle j'accostai l'île, dont nous n'étions, à onze heures, qu'à une petite lieue de distance.

J'expédiai alors ma chaloupe et mon grand canot, commandés par MM. Boutin et Mouton, pour se rendre à bord de *l'Astrolabe*, aux ordres de M. de Langle. Tous ceux qui avaient quelques légères atteintes de scorbut y furent embarqués, ainsi que six soldats armés, ayant à leur tête le capitaine d'armes. Ces deux embarcations contenaient vingt-huit hommes, et portaient environ vingt barriques d'armement destinées à être remplies à l'aiguade. MM. de Lamanon et Collinet, quoique malades, furent du nombre de ceux qui partirent de *la Boussole*. D'un autre côté, M. de Vaujuas, convalescent, accompagna M. de Langle dans son grand canot. M. Gobien, garde de la marine commandait la chaloupe, et MM. de La Martinière, Lavaux et le P. Receveur, faisaient partie des trente-trois personnes envoyées par *l'Astrolabe*. Parmi les soixante et un individus qui composaient l'expédition entière se trouvait l'élite de nos équipages.

M. de Langle fit armer tout son monde de fusils et de sabres, et six pierriers furent placés dans les chaloupes. Je l'avais généralement laissé le maître de se pourvoir de tout ce qu'il croirait nécessaire à sa sûreté. La certitude où nous étions de n'avoir avec ces peuples aucune rixe dont ils pussent conserver quelque ressentiment, l'immense quantité de pirogues qui nous environnaient au large, l'air de gaîté et de confiance qui régnait dans nos marchés, tout tendait à augmenter sa sécurité, et je conviens que la mienne ne pouvait être plus grande; mais il était contre mes principes d'envoyer à terre sans une extrême nécessité, et surtout au milieu d'un peuple nombreux, des embarcations qu'on ne pouvait ni soutenir ni même apercevoir de nos vaisseaux.

Les chaloupes débordèrent *l'Astrolabe* à midi et demi, et, en moins de trois quarts d'heure, elles furent arrivées au lieu de l'aiguade. Quelle fut la surprise de tous les officiers, celle de M. de Langle lui-même, de trouver, au lieu d'une baie vaste et commode, une anse remplie de corail, dans laquelle on ne pénétrait que par un canal tortueux de moins de 8 mètres 53 centimètres de largeur, et où la houle déferlait comme sur une barre! Lorsqu'ils furent en-dedans, ils n'eurent pas 1 mètre d'eau, les chaloupes échouèrent, et les canots ne restèrent à flot que parce qu'ils furent halés à l'entrée de la passe, assez loin du rivage. Malheureusement M. de Langle avait reconnu cette baie à la mer haute; il n'avait pas supposé que dans ces îles la marée montât de 2 mètres. Il croyait que ses yeux le trompaient. Son premier mouvement fut de quitter cette baie pour aller dans celle où nous avions déjà fait de l'eau, et qui réunissait tous les avantages, mais l'air de tranquillité et de douceur des peuples qui l'attendaient sur le rivage avec une immense quantité de fruits et de cochons, les femmes et les enfants qu'il remarqua parmi ces insulaires, qui ont soin de les écarter lorsqu'ils ont des vues hostiles, toutes ces circonstances réunies firent évanouir ses premières idées de prudence, qu'une fatalité inconcevable l'empêcha de suivre.

Il mit à terre avec la plus grande tranquillité les pièces à eau des quatre embarcations. Ses soldats établirent le meilleur ordre sur le rivage, ils formèrent une haie qui laissa un espace libre à nos travailleurs. Mais ce calme ne fut pas de longue durée, car, au lieu de deux cents habitants que M. de Langle y avait rencontrés en arrivant à une heure et demie, il s'en trouva mille ou douze cents à trois heures. Le nombre des pirogues qui, le matin, avaient commercé avec nous, était si considérable, que nous nous étions à peine aperçus qu'il eût diminué dans l'après-midi. Je m'applaudissais de les tenir occupées à bord, espérant que nos chaloupes en seraient plus tranquilles. Mon erreur était extrême. La situation de M. de Langle devenait plus embarrassante de moment en moment. Il parvint, néanmoins secondé par MM. de Vaujuas, Boutin, Collinet et Gobien, à embarquer son eau ; mais la baie était presque à sec, et il ne pouvait pas espérer de déchouer ses chaloupes avant quatre heures du soir. Il y entra cependant, ainsi que son détachement, et se posta en avant avec son fusil et ses fusiliers, défendant de tirer avant qu'il en eût donné l'ordre.

Il commençait néanmoins à sentir qu'il y serait bientôt forcé. Déjà les pierres volaient, et ces Indiens, qui n'avaient de l'eau que jusqu'aux genoux, entouraient les chaloupes à 2 mètres de distance. Les soldats, qui étaient embarqués, faisaient de vains efforts pour les écarter. Si la crainte de commencer les hostilités et d'être accusé de barbarie n'eût arrêté M. de Langle, il eût sans doute ordonné de faire sur les Indiens une décharge de mousqueterie et de pierriers qui aurait certainement éloigné cette multitude ; mais il se flattait de les contenir sans effusion de sang, et il fut victime de son humanité. Bientôt une grêle de pierres, lancées à une très petite distance avec la vigueur d'une fronde,

atteignit presque tous ceux qui étaient dans la chaloupe.
M. de Langle n'eut que le temps de tirer ses deux coups de
fusil ; il fut renversé, et tomba malheureusement du côté de
babord de la chaloupe, ou plus de deux cents Indiens le
massacrèrent sur-le-champ à coups de massues et de pierres.
Lorsqu'il fut mort, ils l'attachèrent par un des bras à un
tollet de la chaloupe, afin, sans doute, de profiter plus
sûrement de ses dépouilles. La chaloupe de *la Boussole*, commandée par M. Boutin, était échouée à 6 mètres de celle de
l'Astrolabe, et elles laissaient parallèlement entre elles un
petit canal qui n'était pas occupé par les Indiens. C'est par
là que se sauvèrent à la nage tous les blessés qui eurent le
bonheur de ne pas tomber du côté du large ; ils gagnèrent
nos canots, qui, étant très heureusement restés à flot, se
trouvèrent à portée de sauver quarante-neuf hommes sur
les soixante et un qui composaient l'expédition.

M. Boutin avait imité tous les mouvements et suivi toutes
toutes les démarches de M. de Langle. Ses pièces à eau,
son détachement, tout son monde, avaient été embarqués en
même temps et placés de la même manière, et il occupait le
même poste sur l'avant de la chaloupe. Quoiqu'il craignît
les mauvaises suites de la modération de M. de Langle, il
ne se permit de tirer et n'ordonna la décharge de son détachement qu'après le feu de son commandant. On sent qu'à
la distance de quatre à cinq pas chaque coup de fusil dut
tuer un Indien, mais on n'eut pas le temps de recharger.
M. Boutin fut également renversé par une pierre ; il tomba
heureusement entre les deux chaloupes. En moins de cinq
minutes, il ne resta pas un seul homme sur les deux embarcations échouées. Ceux qui s'étaient sauvés à la nage vers
les deux canots avaient chacun plusieurs blessures, presque

toutes à la tête ; ceux, au contraire, qui eurent le malheur d'être renversés du côté des Indiens, furent achevés dans l'instant à coups de massue. Mais l'ardeur du pillage fut telle, que ces insulaires coururent s'emparer des chaloupes. et y montèrent au nombre de plus de trois ou quatre cents. Ils brisèrent les bancs, et mirent l'intérieur en pièces pour y chercher nos prétendues richesses. Alors ils ne s'occupèrent presque plus de nos canots, ce qui donna le temps à MM. de Vaujuas et Mouton de sauver le reste de l'équipage, et de s'assurer qu'il ne restait plus au pouvoir des Indiens que ceux qui avaient été massacrés et tués dans l'eau à coups de patou.

Ceux qui montaient nos canots, et qui jusque-là avaient tiré sur les insulaires, et en avaient tué plusieurs, ne songèrent plus qu'à jeter à la mer leurs pièces à eau, pour que les canots pussent contenir tout le monde. Ils avaient d'ailleurs presque épuisé leurs munitions, et la retraite n'était pas sans difficulté, avec une si grande quantité de personnes dangereusement blessées, qui, étendues sur les bancs, empêchaient le jeu des avirons. On doit à la sagesse de M. de Vaujuas, au bon ordre qu'il établit, à la ponctualité avec laquelle M. Mouton, qui commandait le canot de *la Boussole,* sut le maintenir, le salut des quarante-neuf personnes des deux équipages. M. Boutin, qui avait cinq blessures à la tête et une dans l'estomac, fut sauvé entre deux eaux par notre patron de chaloupe, qui était lui-même blessé. M. Collinet fut retrouvé sans connaissance sur le cablot, un bras fracturé, un doigt cassé, et ayant deux blessures à la tête. M. Lavaux, chirurgien-major de *l'Astrolabe,* fut blessé si fortement, qu'il fallut le trépaner. Il avait nagé néanmoins jusqu'aux canots, ainsi que M. de La Martinière, et le P. Rece-

veur, qui avait reçu une forte contusion dans l'œil. M. de
Lamanon et M. de Langle furent massacrés avec une barbarie
sans exemple, ainsi que Talin, capitaine d'armes de *la
Boussole*, et neuf autres personnes des deux équipages. Le
féroce Indien, après les avoir tués, cherchait encore à assouvir
sa rage sur leurs cadavres, et ne cessait de les frapper à
coups de massue. M. Gobien, qui commandait la chaloupe
de *l'Astrolabe* sous les ordres de M. de Langle, n'abandonna
cette chaloupe que lorsqu'il s'y vit seul. Après avoir épuisé
ses munitions, il sauta dans l'eau, du côté du petit chenal formé
par les deux chaloupes, qui, comme je l'ai dit, n'était pas
occupé par les Indiens, et, malgré ses blessures, il parvint
à se sauver dans l'un des canots. Celui de *l'Astrolabe* était
si chargé, qu'il échoua.

Cet événement fit naître aux insulaires l'idée de troubler
les blessés dans leur retraite ; ils se portèrent en grand
nombre vers les récifs de l'entrée, dont les canots devaient
nécessairement passer à dix pieds de distance. On épuisa
sur ces forcenés le peu de munitions qui restaient, et les
canots sortirent enfin de cet antre, plus affreux par sa situation perfide et par la cruauté de ses habitants que le repaire
des tigres et des lions.

Ils arrivèrent à bord à cinq heures, et nous apprirent cet
événement désastreux. Nous avions dans ce moment autour
de nous cent pirogues, où les naturels vendaient des provisions avec une sécurité qui prouvait leur innocence ; mais
c'étaient les frères, les enfants, les compatriotes de ces barbares assassins, et j'avoue que j'eus besoin de toute ma raison pour contenir la colère dont j'étais animé, et pour
empêcher nos équipages de les massacrer. Déjà les soldats
avaient sauté sur les canons, sur les armes. J'arrêtai ces

mouvements, qui cependant étaient bien pardonnables, et je fis tirer un seul coup de canon à poudre pour avertir les pirogues de s'éloigner. Une petite embarcation, partie de la côte, leur fit part sans doute de ce qui venait de se passer, car, en moins d'une heure, il ne resta aucune pirogue à notre vue. Un Indien qui était sur le gaillard d'arrière de ma frégate lorsque notre canot arriva fut arrêté par mon ordre et mis aux fers. Le lendemain, ayant rapproché la côte, je lui permis de s'élancer à la mer; la sécurité avec laquelle il était resté sur la frégate était une preuve non équivoque de son innocence.

Mon projet fut d'abord d'ordonner une nouvelle expédition pour venger nos malheureux compagnons de voyage, et reprendre les débris de nos chaloupes. Dans cette vue j'approchai la côte pour y chercher un mouillage; mais je ne trouvai que ce même fond de corail, avec une houle qui roulait à terre et faisait briser les récifs. L'anse où s'était exécuté ce massacre était d'ailleurs très enfoncée du côté de l'île, et il ne me paraissait guère possible d'en approcher à la portée du canon.

M. Boutin que ses blessures retenaient alors dans son lit, mais qui avait conservé toute sa tête, me représentait en outre que la situation de cette baie était telle, que, si nos canots avaient le malheur d'y échouer, (ce qui était très probable), il n'en reviendrait pas un seul homme, car les arbres, qui touchent presque le bord de la mer, mettant les Indiens à l'abri de notre mousqueterie, laisseraient les Français que nous débarquerions exposés à une grêle de pierres d'autant plus difficiles à éviter, que, lancées avec beaucoup de force et d'adresse, elles faisaient presque le même effet que nos balles, et avaient sur elles l'avantage de se succéder plus rapidement. Je renonçai d'après ces observations à tout projet de vengeance. Je passai deux jours à louvoyer devant la baie. J'aperçus encore les débris de nos chaloupes échouées sur le sable, et autour d'elles une immense quantité d'Indiens.

Ce qui paraîtra sans doute inconcevable, c'est que, pendant ce temps, cinq ou six pirogues partirent de la côte, et vinrent avec des pigeons et des cocos, nous proposer des échanges. J'étais à chaque instant obligé de retenir ma colère pour ne pas ordonner de les couler bas. Ces Indiens, ne connaissant d'autre portée de nos armes que celle de nos fusils, restaient sans crainte à 100 mètres de nos bâtiments, et nous offraient leurs provisions avec beaucoup de sécurité. Nos gestes ne les engageaient pas à s'approcher, et ils passèrent ainsi une heure entière de l'après-midi du 12 décembre. Aux offres d'échanger des provisions ils firent succéder des railleries, et je m'aperçus aussitôt que plusieurs autres pirogues se détachaient du rivage pour venir les joindre. Comme ils ne se doutaient point de la portée de nos canons, et que tout me faisait pressentir que je serais bientôt obligé de sortir de mes principes de modération, j'ordonnai de tirer un coup de canon au milieu des pirogues. Mes ordres furent exécutés de la manière la plus précise : l'eau que le boulet fit jaillir entra dans ces pirogues, qui dans l'instant s'empressèrent de gagner la terre, et entraînèrent dans leur fuite celles qui étaient parties de la côte.

J'avais de la peine à m'arracher d'un lieu si funeste, et à laisser les corps de nos compagnons massacrés. Je perdais un ancien ami, homme plein d'esprit, de jugement, de connaissances, et l'un des meilleurs officiers de la marine française. Son humanité avait causé sa mort : s'il eût osé se permettre de faire tirer sur les premiers Indiens qui entrèrent dans l'eau pour environner les chaloupes, il eût prévenu sa perte, celle de M. de Lamanon, et de dix autres victimes de la férocité indienne. Vingt personnes des deux frégates étaient en outre grièvement blessées, et cet événement nous privait pour l'instant de trente-deux hommes, et de deux chaloupes, les seuls bâtiments à rames qui pussent contenir un nombre assez considérable d'hommes armés pour tenter une descente.

Ces considérations dirigèrent ma conduite ultérieure. Le plus petit échec m'eût forcé de brûler une des frégates pour armer l'autre. J'avais à la vérité une chaloupe en pièces, mais je ne pouvais la monter qu'à ma première relâche. S'il n'avait fallu à ma colère que le massacre de quelques Indiens, j'avais eu occasion de détruire, de couler bas, de briser cent pirogues qui contenaient plus de cinq cents personnes, mais je craignis de me tromper au choix des victimes : le cri de ma conscience leur sauva la vie.

Ceux à qui ce récit rappellera la catastrophe du capitaine Cook ne doivent pas perdre de vue que ses bâtiments étaient mouillés dans la baie de Karakakooa, que leurs canons les rendaient maîtres des bords de la mer, qu'ils pouvaient y faire la loi et menacer de détruire les pirogues restées sur le rivage, ainsi que les villages dont la côte était bordée. Nous au contraire nous étions au large, hors de la portée du canon, obligés de nous éloigner de la côte lorsque nous avions à craindre le calme. Une forte houle nous portait toujours sur les récifs, où nous aurions pu sans doute mouiller avec des chaînes de fer, mais c'eût été hors de portée de canon du village ; enfin la houle suffisait pour couper le câble à l'écubier, et par-là exposer les frégates au danger le plus imminent. J'épuisai donc tous les calculs de probabilité avant de quitter cette île funeste ; et il me fut démontré que le mouillage était impraticable, et l'expédition téméraire sans le séjour des frégates. Le succès même eût été inutile, puisque bien certainement il ne restait pas un seul homme en vie au pouvoir des Indiens, que nos chaloupes étaient brisées et échouées, et que nous avions à bord les moyens de les remplacer.

Départ de l'île Maouna. — Description de l'île d'Oyolava. — Echanges avec ses habitants. — Nouveaux détails sur les mœurs, les arts, les usages des naturels de ces îles.

Le 15 décembre 1787, je fis route vers l'île d'Oyolava, dont nous avions eu connaissance cinq jours avant d'atteindre le mouillage qui nous fut si funeste. M. de Bougainville en avait reconnu de loin la partie méridionale. Cette île est séparée de celle de Maouna ou du Massacre par un canal d'environ neuf lieues, et l'île de Taïti peut à peine lui être comparée pour la beauté, l'étendue, la fertilité et l'immense population. Parvenu à la distance de trois lieues de sa pointe du nord-est, nous fûmes environnées d'une innombrable quantité de pirogues chargées de fruits à pain, de cocos, de bananes, de cannes à sucre, de pigeons, de poules-sultanes, mais de très peu de cochons. Les habitants de cette île ressemblaient beaucoup à ceux de l'île Maouna, qui nous avaient si horriblement trahis. Leur costume, leurs traits, leur taille gigantesque, en différaient si peu que, nos matelots crurent reconnaître plusieurs des assassins, et j'eus beaucoup de peine à les empêcher de tirer sur eux ; mais j'étais certain que leur colère les aveuglait, et une vengeance que je n'avais pas cru pouvoir me permettre sur des pirogues de l'île de Maouna, au moment où j'appris cet affreux événement, ne pouvait être licitement exercée quatre jours après dans une autre île, à quinze lieues du champ de bataille. Je parvins donc à apaiser cette fermentation ; et nous continuâmes nos échanges. Il y régna beaucoup plus de tranquillité et de bonne foi qu'à l'île de Maouna, parce que les plus petites injustices étaient punies par des coups ou réprimées par des paroles et des gestes menaçants.

A quatre heure après-midi nous mîmes en panne par le travers du village le plus étendu peut-être dans aucune île de la mer du Sud, ou plutôt vis-à-vis une très grande plaine couverte de maisons depuis la cime des montagnes jusqu'au bord de la mer. Ces montagnes sont à peu près au milieu de l'île, d'où le terrain s'incline en pente douce, et présente aux vaisseaux un amphithéâtre couvert d'arbres, de cases et de verdure ; on voyait la fumée s'élever du sein de ce village comme du milieu d'une grande ville. La mer était couverte de pirogues qui toutes cherchaient à s'approcher de nos bâtiments, plusieurs n'étaient pagayées que par des curieux, qui, n'ayant rien à nous vendre, faisaient le tour de nos vaisseaux, et paraissaient n'avoir d'autre objet que de jouir du spectacle que nous leur donnions.

La présence des femmes et des enfants qui se trouvaient

parmi eux pouvait faire présumer qu'ils n'avaient aucune mauvaise intention ; mais nous avions de trop puissants motifs pour ne plus nous fier à ces apparences , et nous étions disposés à repousser le plus petit acte d'hostilité d'une manière qui eût rendu les navigateurs redoutables à ces insulaires. Les îles des Navigateurs forment un des plus beaux archipels de la mer du Sud, aussi intéressant par ses arts, ses productions et sa population, que les îles de la Société ou celles des Amis, dont les voyageurs anglais nous ont laissé une description qui ne laisse rien à désirer. Quant à la moralité de ces peuples, quoique nous ne les ayons vus qu'un instant, nous avons appris par nos malheurs à bien connaître leur caractère, et nous ne craignons pas d'assurer qu'on chercherait en vain à exciter, par des bienfaits, la reconnaissance de ces âmes féroces, qui ne peuvent être contenues que par la crainte.

Ces insulaires sont les plus grands et les mieux faits que nous ayons encore rencontrés. Leur taille ordinaire est de 1 mètre 90 à 95 centimètres, mais ils sont moins étonnants encore par leur taille que par les proportions colossales des différentes parties de leur corps. Notre curiosité, qui nous portait à les mesurer très souvent, leur fit faire des comparaisons fréquentes de leurs forces physiques avec les nôtres. Ces comparaisons n'étaient pas à notre avantage , et nous devons peut-être nos malheurs à l'idée de supériorité individuelle qui leur est restée de ces différents essais. Leur physionomie me parut souvent exprimer un sentiment de dédain, que je crus détruire en ordonnant de faire devant eux usage de nos armes ; mais mon objet n'aurait pu être rempli qu'en les faisant diriger sur des victimes humaines, car, autrement, ils prenaient le bruit pour un jeu, et l'épreuve pour une plaisanterie.

Parmi ces insulaires, un très petit nombre est au-dessous de la taille que j'ai indiquée. J'en ai fait mesurer qui n'avaient que 1 mètre 70 centimètres, mais ce sont les nains du pays, et quoique la taille de ces derniers semble se rapprocher de la nôtre, cependant leurs bras forts et nerveux leur poitrine large, leurs jambes, leurs cuisses, offrent encore une proportion très différente. On peut assurer qu'ils sont aux Européens ce que les chevaux danois sont à ceux des différentes provinces de France.

Les hommes ont le corps peint ou tatoué de manière qu'on les croirait habillés, quoiqu'ils n'aient seulement autour des reins qu'une ceinture d'herbes marines, qui leur descend jusqu'aux genoux, et qui les fait ressembler à ces fleuves de la fable qu'on nous dépeint entourés de roseaux. Leurs cheveux sont très longs; ils les retroussent souvent autour de la tête, et ajoutent ainsi à la férocité de leur physionomie. Elle exprime toujours où l'étonnement ou la colère. La moindre dispute entre eux est suivie de coups de bâton, de massue, ou de pagaie, et souvent, sans doute, elle coûte la vie aux combattants. Ils sont presque tous couverts de cicatrices, qui ne peuvent être que la suite de ces combats particuliers.

La taille des femmes est proportionnée à celle des hommes. Elles sont sveltes, et ont de la grâce, mais elles perdent avec le temps cette douceur d'expression, dont la nature n'a pas brisé l'empreinte chez ces peuples barbares, mais qu'elle paraît ne leur laisser qu'un instant à regret. Dans l'âge mûr, leur regard devient d'une hardiesse et d'une férocité remarquables. En tous points elles sont moins dignes d'être les mères et les femmes des êtres féroces qui nous environnaient, et, dont la vie, n'est qu'une suite de meurtres et de combats.

Ces peuples ont certains arts qu'ils cultivent avec succès. J'ai déjà parlé de la forme élégante qu'ils donnent à leurs cases. Ils dédaignent, avec raison, nos instruments de fer, car ils façonnent parfaitement leurs ouvrages, avec des haches faites d'un basalte très fin et très compacte, et ayant la forme d'herminettes. Ils nous vendirent, pour quelques grains de verre, de grands plats de bois à trois pieds, d'une seule pièce, et tellement polis, qu'ils semblaient être enduits du vernis le plus fin. Il eût fallu plusieurs jours à un bon ouvrier d'Europe pour exécuter un de ces ouvrages, qui, par le défaut d'instruments convenables, devait lui coûter plusieurs mois de travail, ils n'y mettaient cependant presque aucun prix, parce qu'ils en attachent peu à l'emploi de leur temps. Les arbres à fruits et les racines nourrissantes qui croissent spontanément autour d'eux assurent leur subsistance, celles de leurs cochons, de leurs chiens et de leurs poules, et si quelquefois ils se livrent au travail, c'est pour se procurer des jouissances plus agréables qu'utiles. Je remarquai deux ou trois de ces insulaires qui me parurent être des chefs. Ils avaient, au lieu d'une ceinture d'herbes, une pièce de toile qui les enveloppait comme une jupe. Le tissu en est fait avec un vrai fil, tiré sans doute de quelque plante ligneuse, comme l'ortie ou le lin. Elle est fabriquée sans navette, et les fils sont absolument passés comme ceux des nattes. Cette toile, qui réunit la souplesse et la solidité des nôtres, est très propre pour les voiles de leurs pirogues. Elle nous parut avoir une grande supériorité sur l'étoffe-papier des îles de la Société et des

Amis, qu'ils fabriquent aussi. Ils nous en vendirent plusieurs pièces; mais ils en font peu de cas et très peu d'usage.

Parmi quinze ou dix-huit cents insulaires que nous eûmes occasion d'observer, trente au moins, s'annoncèrent à nous comme des chefs. Ils exerçaient une espèce de police, et donnaient de grands coups de bâton; mais l'ordre qu'ils avaient l'air de vouloir établir était transgressé en moins d'une minute : jamais souverains ne furent moins obéis; jamais l'insurbordination et l'anarchie n'excitèrent plus de désordre.

C'est avec raison que M. de Bougainville les a nommés les Navigateurs; tous leurs voyages se font en pirogue, et ils ne vont jamais à pied d'un village à l'autre. Ces villages sont tous situés dans des anses sur les bords de la mer, et n'ont de sentier que pour pénétrer dans l'intérieur du pays. Les îles que nous avons visitées étaient couvertes jusqu'à la cime, d'arbres chargés de fruits, sur lesquels reposaient des pigeons-ramiers, des tourterelles vertes, couleur de rose, et de différentes couleurs. Nous y avons vu des perruches charmantes, une espèce de merle, et même des perdrix. Ces insulaires soulagent l'ennui de leur oisiveté en apprivoisant des oiseaux. Leurs maisons étaient pleines de pigeons-ramiers, qu'ils échangèrent avec nous par centaines; ils nous vendirent aussi plus de trois cents poules sultanes du plus beau plumage.

Leurs pirogues sont à balancier, très petites, et ne contiennent assez ordinairement que cinq ou six personnes. Quelques-unes, cependant, peuvent en contenir jusqu'à quatorze; mais c'est le plus petit nombre. Elles ne paraissent pas, au surplus, mériter l'éloge que les voyageurs ont fait de la célérité de leur marche ; je ne crois pas que leur vitesse excède sept nœufs à la voile, et, à la pagàie, elles pouvaient nous suivre lorsque nous faisions quatre milles par heure.

Ces Indiens sont si habiles nageurs, qu'ils semblent n a- voir de pirogues que pour se reposer. Comme aux moindres faux mouvements elles se remplissent, ils sont obligés à chaque instant de se jeter à la mer pour soulever sur leurs épaules ces pirogues submergées et en vider l'eau. Ils les ac- colent quelquefois deux à deux, au moyen d'une traverse en bois, dans laquelle ils pratiquent un étambrai pour pla- cer leur mât : de cette manière, elles chavirent moins, et ils peuvent conserver leurs provisions pour de longs voya- ges. Leurs voiles, de nattes ou de toile nattée, sont à la li- varde, et ne méritent pas une description particulière.

Ils ne pêchent qu'à la ligne ou à l'épervier. Ils nous ven- dirent des filets et des hameçons de nacre et de coquille blanche très artistement travaillés. Ces instruments ont la forme de poissons volants, et servent d'étui à un hameçon d'écaille de tortue assez fort pour résister aux thons, aux bonites et aux dorades. Ils échangeaient leurs plus gros poissons contre quelques grains de verre, et l'on voyait, à leur empressement, qu'ils ne craignaient pas de manquer de subsistances.

Les iles de cet archipel que j'ai visitées m'ont paru volca- niques. Toutes les pierres du rivage, sur lequel la mer brise avec une fureur qui fait rejaillir l'eau à plus de 18 mètres, ne sont que des morceaux de lave, de basalte roulé ou de corail dont l'ile entière est environnée. Ces coraux laissent au milieu de presque toutes les anses un passage étroit, mais suffisant pour des pirogues, ou même pour des canots·

et des chaloupes, et forment ainsi de petits ports pour la
marine des insulaires, qui d'ailleurs ne laissent jamais leurs
pirogues sur l'eau. En arrivant ils les remisent auprès de
leur maisons, et les placent à l'ombre sous des arbres. Elles
sont si légères, que deux hommes peuvent les porter aisément sur leurs épaules.

L'imagination la plus riante se peindrait difficilement des
sites plus agréables que ceux de leurs villages. Toutes les
maisons sont bâties sous des arbres à fruit, qui entretiennent dans ces demeures une fraîcheur délicieuse. Elles sont
situées au bord d'un ruisseau qui descend des montagnes, et
le long duquel est pratiqué un sentier qui s'enfonce dans
l'intérieur de l'île. Leur architecture a pour but et pour objet principal de les préserver de la chaleur, et j'ai déjà dit
qu'ils savaient y joindre l'élégance. Ces maisons sont assez
grandes pour loger plusieurs familles. Elles sont entourées
de jalousies qui se lèvent du côté du vent et se ferment du
côté du soleil. Les insulaires dorment sur des nattes très
fines, très propres, et parfaitement à l'abri de l'humidité.
Nous n'avons aperçu aucun moraï, et nous ne pouvons rien
dire de leurs cérémonies religieuses.

Quelque dangereux qu'il fût de s'écarter dans l'intérieur
de l'île, MM. de La Martinière et Colignon suivirent plus les
impulsions de leur zèle que les règles de la prudence, et
lors de la descente qui nous fut si fatale, ils s'avancèrent
dans les terres pour faire des découvertes en botanique.
Les Indiens exigeaient un grain de verre pour chaque plante
que M. de La Martinière ramassait, et ils menaçaient de
l'assommer lorsqu'il refusait de payer cette rétribution.
Poursuivi à coups de pierres au moment du massacre, il

gagna nos canots à la nage, son sac de plantes sur le dos, et parvint ainsi à les conserver.

Nous n'avions aperçu jusqu'alors d'autres armes que des massues ou *patous-patous;* mais M. Boutin m'assura qu'il avait vu dans leurs mains plusieurs paquets de flèches, sans aucun arc. Je suis porté à croire que ces flèches ne sont que des lances qui leur servent à darder le poisson. Leur effet serait bien moins dangereux dans les combats que celui des pierres de deux ou trois livres, qu'ils lancent avec une adresse et une vigueur inconcevables.

Les relations des différents voyageurs n'offrent rien à l'imagination qui puisse être comparé à la beauté et à l'immensité du village sous le vent duquel nous mîmes en panne sur la côte du nord d'Oyolava. Quoiqu'il fût presque nuit lorsque nous y arrivâmes, nous fûmes en un instant environnés de pirogues, que la curiosité ou le désir de commercer avec nous avait fait sortir de leurs ports. Plusieurs n'apportaient rien; elles venaient seulement jouir d'un coup-d'œil nouveau pour elles. Il y en avait d'extrêmement petites, qui ne contenaient qu'un seu lhomme. Ces dernières étaient très ornées. Comme elles tournaient autour des bâtiments sans faire aucun commerce, nous les appelions les cabriolets : elles en avaient les inconvénients, car le plus petit choc des autres pirogues les faisait chavirer à chaque instant.

Reconnaissance de Tongatabou.

Nous aperçûmes Tongatabou du haut des mâts le 31 décembre, à six heures du matin. On ne voyait d'abord que la cime des arbres, qui paraissaient croître dans la mer. A mesure que nous approchions le terrain s'élevait.

Les cases des insulaires n'était pas rassemblées en village, éparses dans les champs, comme les maisons de campagne dans nos plaines les mieux cultivées. Bientôt sept ou huit pirogues furent lancées à la mer, et s'avancèrent vers nos frégates; mais ces insulaires plus cultivateurs que marins, les manœuvraient avec timidité. Ils n'osaient approcher de nos bâtiments, quoiqu'ils fussent en panne, et que la mer fût très belle. Ils se jetaient à la nage à 15 ou à 20 mètres de nos frégates, tenant dans chaque main des noix de coco, qu'ils échangeaient de bonne foi contre des morceaux de fer, des clous, ou de petites haches. Leurs pirogues ne différaient en rien de celles des habitants des îles des Navigateurs; mais aucune n'avait de voiles, et il est vraisemblable qu'ils n'auraient pas su les manœuvrer. La plus grande confiance s'établit bientôt entre nous, et ils montèrent à bord. Nous leur parlâmes de Poulaho; de Fœnou; nous avions l'air d'être de vieilles connaissances qui se revoient et s'entretiennent de leurs amis. Un jeune insulaire nous

donna à entendre qu'il était fils de Fœnou, et ce mensonge,
ou cette vérité, lui valut plusieurs présents. Il faisait un cri
de joie en les recevant, et cherchait à nous faire comprendre par signes que, si nous allions mouiller sur la côte,
nous y trouverions des vivres en abondance, et que les pirogues étaient trop petites pour nous les apporter en pleine
mer. En effet, il n'y avait ni poules ni cochons sur ces embarcations ; leur cargaison consistait en quelques bananes et
cocos, et comme la plus petite lame faisait chavirer ces
frêles bâtiments, les animaux eussent été noyés avant que
d'être arrivés à bord. Ces insulaires étaient bruyants dans
leurs manières ; mais leurs traits n'avaient aucune expression de férocité, et, ni leur taille, ni la proportion de
leurs membres, ni la force présumée de leurs muscles,
n'auraient pu nous en imposer, quand même ils n'eussent
pas connu l'effet de nos armes.

Leur physique, sans être inférieur au nôtre, ne paraissait avoir aucun avantage sur celui de nos matelots ; du
reste, leur langage, leur tatouage, leur costume, tout
annonçait en eux une origine commune avec les habitants
de l'Archipel des Navigateurs, et il est évident que la différence qui existe entre les proportions individuelles de ces
peuples ne provient que de l'aridité du sol et des autres
causes physiques du climat de l'archipel des Amis.

Des cent cinquante îles qui composent cet archipel, le
plus grand nombre ne consistent qu'en rochers inhabités et
inhabitables, et je ne craindrais pas d'avancer que la seule
ile d'Oyolava l'emporte en population, en fertilité et en
forces réelles, sur toutes ces îles réunies, où les insulaires
sont obligés d'arroser de leurs sueurs les champs qui fournissent à leur subsistance. C'est peut-être à ce besoin de

l'agriculture qu'ils doivent les progrès de leur civilisation, et la naissance de quelques arts qui compensent la force naturelle qui leur manque, et les garantissent de l'invasion de leurs voisins. Nous n'avons cependant vu chez eux d'autre arme que des *patous-patous;* nous leur en achetâmes plusieurs, qui ne pesaient pas le tiers de ceux que nous nous étions procurés à Maouna, et dont les habitants des îles des Amis n'auraient pas eu la force de se servir.

La coutume de se couper les deux phalanges du petit doigt est aussi répandue chez ces peuples qu'aux îles des Cocos et des Traîtres, et cette marque de douleur pour la perte d'un parent ou d'un ami est presque inconnue aux îles des Navigateurs.

Toutes nos relations avec les habitants de Tongatabou se réduisirent à une simple visite, et l'on en fait rarement de si éloignées. Nous ne reçumes d'eux que les mêmes rafraîchissements qu'on offre à la campagne à des voisins.

Départ pour Botany-Bay.

Le 1er janvier 1788, à l'entrée de la nuit, ayant perdu tout espoir d'obtenir, en louvoyant ainsi au large, assez de vivres pour compenser au moins notre consommation, je pris le parti de courir sur Botany-Bay, en prenant une route qui n'eût encore été suivie par aucun navigateur.

Le 17 janvier, nous fûmes environnés d'une innombrable quantité de goëlettes, qui nous faisaient soupçonner que nous passions auprès de quelque île ou rocher. Ces oiseaux nous suivirent jusqu'à quatre-vingts lieues de la Nouvelle-Hollande, et il est assez vraisemblable que nous avions laissé derrière nous quelque îlot ou rocher qui sert d'asile à ces sortes d'oiseaux, car ils sont beaucoup moins nombreux auprès d'une terre habitée. Depuis l'île de Norfolk jusqu'à la vue de Botany-Bay, nous sondâmes tous les soirs en filant deux cents brasses, et nous ne commençâmes à trouver fond qu'à huit lieues de la côte, par quatre-vingt-dix brasses. Nous en eûmes connaissance le 23 janvier. Elle était peu élevée, et il n'est guère possible de l'apercevoir de plus de douze lieues. Les vents devinrent alors très variables, et nous passâmes la journée du 21 à louvoyer à la vue de Botany-Bay, sans pouvoir doubler la pointe Solander, qui nous restait à une lieue au nord. Les vents soufflaient avec force de cette partie, et nos bâtiments étaient trop mauvais voiliers pour vaincre à la fois la force du vent et des courants. Mais nous eûmes ce même jour un spectacle bien nouveau pour nous depuis notre départ de Manille, ce fut celui d'une flotte anglaise, mouillée dans Botany-Bay, dont nous distinguions les flammes et les pavillons.

Des Européens sont tous compatriotes à cette distance de leur pays, et nous avions la plus vive impatience de gagner le mouillage; mais le temps fut si brumeux le lendemain, qu'il nous fut impossible de reconnaître la terre, et nous n'atteignîmes le mouillage que le 26 janvier à neuf heures du matin. Je laissai tomber l'ancre à un mille de la côte du nord, sur un fond de sept brasses de bon sable gris, par le travers de la seconde baie. Au moment où je me présentais dans la passe, un lieutenant et un midshipman de marine anglaise furent envoyés à mon bord par le capitaine Hunter, commandant la frégate anglaise *le Sirius*.

Ils m'offrirent de sa part tous les services qui dépendraient de lui, ajoutant néanmoins qu'étant sur le point d'appareiller pour remonter vers le nord, les circonstances ne lui permettraient de nous donner ni vivres, ni munitions, ni voiles; de sorte que leurs offres de service se réduisaient à des vœux pour le succès ultérieur de notre voyage. J'envoyai un officier pour faire mes remercîments au capitaine Hunter, qui était déjà à pic, et avait ses huniers hissés. Je lui fis dire que mes besoins se bornaient à de l'eau et du bois, dont nous ne manquerions pas dans cette baie, et que je savais que des bâtiments destinés à former une colonie à une si grande distance de l'Europe ne pouvaient être d'aucun secours à des navigateurs. Nous apprîmes du lieutenant que la flotte anglaise était commandée par le commodore Philipp, qui, la veille, avait appareillé de Botany-Bay, sur la corvette *le Spey*, avec quatre vaisseaux de transport, pour aller chercher vers le nord un lieu plus commode à son établissement.

Le lieutenant anglais paraissait mettre beaucoup de mystère au plan du commodore Philipp, et nous ne nous permîmes de lui faire aucune question à ce sujet; mais nous ne pouvions douter que l'établissement projeté ne fût très près de Botany-Bay, car plusieurs canots et chaloupes étaient à la voile pour s'y rendre, et il fallait que le trajet fût bien court pour que l'on eût jugé inutile de les embarquer sur les bâtiments. Bientôt les matelots du canot anglais, moins discrets que leurs officiers, apprirent aux nôtres qu'ils n'allaient qu'au port Jakson, seize mille au nord de la pointe Banks, où le commodore Philipp, avait reconnu lui-même un très bon hâvre qui s'enfonçait de dix milles vers le sud-ouest. Les bâtiments pouvaient y mouiller à portée de pistolet de terre, dans une mer aussi tranquille que celle d'un bassin. Nous n'eûmes, par la suite, que trop d'occasions d'avoir des nouvelles de l'établissement anglais, dont les déserteurs nous causèrent beaucoup d'ennui et d'embarras.

. . . .

. . . .

CONCLUSION.

Ici se termine le journal de La Pérouse : depuis on n'en entendit plus parler.

Les inquiétudes que l'on conçut sur le sort de cette expédition conduisirent l'Assemblée nationale, en 1791, à décréter un armement pour aller à la recherche de La Pérouse. Les deux vaisseaux LA RECHERCHE et L'ESPÉRANCE partirent sous les ordres de d'Entrecasteaux. Cette seconde expédition fut également malheureuse; d'Entrecasteaux et ses deux seconds, Huon de Kermadec et d'Auribeau moururent: aucun indice ne fut recueilli sur le sort de La Pérouse; et les vaisseaux furent saisis et retenus à Java par les Hollandais. Les guerres de l'Empire contre l'Angleterre ne permirent pas de penser à de nouvelles recherches. Ce ne fut qu'en 1825 que l'on songea à les renouveler. D'après les rapports de l'équipage d'un vaisseau baleinier, qui affirma avoir vu une croix de Saint-Louis et quelques médailles françaises entre les mains des sauvages de la Nouvelle-Calédonie, M. Dumont-d'Urville ressuscita les plans de recherches, et fut chargé de les diriger après avoir pris le commandement de L'ASTROLABE. En 1837, M. d'Urville apprit à Hobart-Town, colonie de la Tasmanie, au sud-est de la Nouvelle-Hollande, que le capitaine Dillon tenait positivement d'un de ses matelots que La Pérouse s'était perdu sur les rochers de Vanikoro. Le matelot, qui était un Malais nommé Joé, affirmait avoir parlé à deux marins des bâtiments de La Pérouse, qui vivaient encore dans cette île. Dillon se rendit à Vanikoro; il y trouva une épée, qu'il crut être celle de La Pérouse, et plusieurs autres objets en argent et en fer. De retour à Calcutta, il publia un rapport sur le naufrage du capitaine français; de ce rapport résulte que les deux bâtiments de La Pérouse mouillèrent, l'un devant l'île de Vanou, l'autre devant l'île de Faïou, à peu de distance l'un de l'autre. Quelques jours après une tempête poussa les navires à la côte, et le vaisseau ancré à la Vanou échoua sur les rochers. Les insulaires tentèrent de l'assaillir; mais ils furent dispersés par le canon. Cependant la violence de la mer brisa le vaisseau contre les rochers, l'équipage périt dans les flots, à l'exception de quelques hommes qui gagnèrent la plage, où les naturels les massacrèrent. Nul ne resta de ceux qui montaient ce bâtiment. L'autre navire vint échouer sur une plage de sable : les naturels l'entourèrent avec des démonstrations hostiles; mais le commandant eut la prudence de retenir ses hommes : il combla les insulaires de présents et gagna leur amitié. Les Papouas fournirent aux naufragés les vivres dont ils eurent besoin.

Le vaisseau était trop endommagé pour être mis en état; les naufragés entreprirent d'en construire un peu plus petit, qui pût contenir tout l'équipage; ce vaisseau partit donc, laissant une partie des marins sur l'île. Le projet du commandant était de se mettre en rapport avec une terre fréquentée par les Européens, et d'amener des secours aux infortunés que la nécessité l'obligeait à abandonner. Nul ne sait ce que devint le petit navire des naufragés, qui alla périr probablement sur quelque écueil. Les hommes restés dans l'île, y sont morts pour la plupart, et même tous. Dillon, expédié à Vanikoro, sur le navire LA RECHERCHE, par la Compagnie anglaise des Indes, réunit d'incontestables preuves du désastre de La Pérouse. Il rapporta des anneaux de fer, de nombreux ustensiles, quatre pierriers, une cloche en bronze, avec cette inscription : BAZIN M'A FAIT, que l'on reconnut pour sortir de l'arsenal de Brest, enfin un morceau de bois sculpté qui avait fait partie du couronnement du vaisseau de La Pérouse.

M. d'Urville, ayant eu connaissance de ces faits, résolut de chercher Vanikoro; mais comme le capitaine Dillon avait fait un mystère de sa situation, il partit incertain sur la direction qu'il devait prendre, quoique pensant que l'île en question ne pouvait pas être éloignée des Nouvelles-Hébrides. Le succès prouva que sa présomption était juste. Arrivé à Tikopia, M. d'Urville y trouva le matelot Bushant, qui lui confirma le récit de Dillon, mais il refusa de l'accompagner. M. d'Urville n'en arriva pas moins le 21 février 1828, devant Vanikoro, où secondé par un chef nommé

Valie, et quelques naturels, il retira de la mer une ancre du poids de 1,800 livres, un canon de fonte, un pierrier, une espingole en cuivre, du plomb et des fragments de porcelaine. Avant d'abandonner Vanikoro, M. d'Urville érigea un monument à la mémoire de La Pérouse et de ses compagnons : c'est une pyramide à base carrée, dans laquelle on eut soin de n'employer ni fer, ni rien qui pût exciter la cupidité des sauvages.

Note des Editeurs

—

Nous ne pouvons mieux terminer la description
des voyages de l'illustre La Pérouse qu'en donnant
une notice biographique sur La Pérouse lui-même
et sur les plus célèbres navigateurs, Cook, Bougainville, Dumont-d'Urville, Tourville.

Notice sur **LA PÉROUSE**.

Parmi les navigateurs qui ont exploré le globe, il n'en est point dont le nom soit plus populaire que celui de La Pérouse; peut-être faut-il attribuer une partie de cette célébrité peu commune à la funeste issue de son expédition. De grands accidents rehaussent en peu de temps la renommée d'un homme, et lui donnent souvent plus d'éclat qu'une longue série de belles actions toutes couronnées de succès. Il semble que, la lutte et la souffrance étant la condition de nos progrès en ce monde, il s'établisse une sorte d'équilibre entre des malheurs subits dont on épuise sans répit jusqu'à la dernière lie, et des travaux de longue haleine dont les fatigues se distribuent sur chaque journée par portions égales.

Pendant trente ans le secret de la destinée de La Pérouse nous fut voilé; et si nous connaissons aujourd'hui les peu-

ples témoins de son naufrage, si nous avons sondé les récifs
où gisent les derniers débris de ses frégates, nous conser-
vons cependant encore des doutes pénibles sur le sort de
ceux qui échappèrent au désastre, sur les détails de leur
mort, peut-être même sur l'existence de quelqu'un d'entre eux.

La Pérouse était entré très jeune dans la marine royale.
Il avait assisté à un grand nombre de combats; il en avait
soutenu de glorieux sur les frégates qu'il commandait, et il
venait de prendre une place honorable parmi les officiers
les plus distingués, en accomplissant avec autant de bonheur
que d'humanité une mission cruelle mais importante, celle
de détruire les établissements des Anglais dans la baie
d'Hudson. La Pérouse joignait à son courage et à l'habileté
dont il avait fait preuve les précieux avantages d'avoir navigué sur toutes les mers du globe, tant pendant les guerres
que pendant la paix de 1774 à 1778. Ces qualités le firent
choisir par Louis XVI pour le commandement d'une expédition de découvertes.

On sait combien Louis XVI aimait les sciences géographiques. Ce fut lui qui, assisté du savant Fleurieu, dressa
les instructions que devait suivre La Pérouse pour compléter et continuer les travaux de Cook. Ces instructions,
d'ailleurs si remarquables sous le rapport hydrographique,
le sont peut-être davantage encore par les principes d'huma-
ni é qui y sont exprimés.

« Le sieur de La Pérouse, y est-il dit, s'occupera avec
zèle et intérêt de tous les moyens qui peuvent améliorer la
condition des peuples qu'il visitera, en procurant à leur
pays les légumes, les fruits et les arbres utiles d'Europe;
en leur enseignant la manière de les semer et de les cul-

tiver; en faisant connaître l'usage qu'ils doivent faire de ces présents, dont l'objet et de multiplier sur leur sol les productions nécessaires à des peuples qui tirent presquo toute leur nourriture de la terre.

» Si des circonstances, qu'il est de la prudence de prévoir dans une longue expédition, obligeaient jamais le sieur de La Pérouse à faire usage de la supériorité de ses armes sur celles des peuples sauvages, pour se procurer, malgré leur opposition, les objets nécessaires à la vie, tels que des subsistances, des bois, de l'eau, il n'userait de la force qu'avec la plus grande modération, et punirait très sévèrement ceux de ses gens qui auraient outre-passé ses ordres.

» Le roi regarderait comme un des succès les plus heureux de l'expédition, qu'elle pût être terminée sans qu'il en eût coûté la vie à un seul homme. »

Ce dernier vœu devait être bien douloureusement trompé.

Deux frégates, *la Boussole* et *l'Astrolabe*, furent confiées à La Pérouse; des officiers choisis avec soin au nombre de vingt; des savants et des artistes distingués; ingénieurs, astronomes, physiciens, naturalistes, botanistes, médecins, dessinateurs, horlogers, au nombre de dix-sept; un grand nombre d'officiers mariniers, en tout deux cent trente-deux personnes, furent embarqués.

La Pérouse quitta Brest le 1ᵉʳ août 1785. Après avoir visité quelques positions géographiques dans l'Océan Atlantique, et avoir touché à l'île de Pâques et aux îles Sandwich dans la mer du Sud, il se rendit sur la côte nord-ouest de l'Amérique, l'un des points qu'il devait explorer avec le plus de soin, et d'où Cook avait toujours été repoussé par les gros temps et les courants. Ce fut sur cette côte que commença la série des malheurs que devait subir l'expédition. On avait découvert une baie jusque-là inconnue (le Port des Français), il ne restait plus que peu de sondes à y faire. Trois embarcations avaient été envoyées pour les terminer, mais s'étant approchées de la passe, au moment où la marée était dans toute sa force, elles furent entraînées au milieu des brisants qui en engloutirent deux. Ainsi périrent vingt-et-une personnes, parmi lesquelles étaient six officiers. Cette catastrophe fit la plus vive impression sur La Pérouse. « Je ne crains pas, dit-il dans la relation de son voyage, de laisser connaître que mes regrets ont été depuis ce jour accompagnés de mes larmes, et que le temps n'a pu calmer ma douleur. »

Sur cette côte d'Amérique, La Pérouse ne put que fixer la position de quelques points isolés ; il éprouva les mêmes difficultés que le capitaine Cook, et d'ailleurs il ne pouvait y passer que six semaines. Cette reconnaissance a été refaite depuis, par le navigateur Vancouvert, qui ne l'a terminée qu'après trois ans de travaux assidus.

Les résultats les plus importants que la géographie doive à La Pérouse, et qui font encore autorité, sont ceux qu'il obtint sur les côtes de la Tartarie et des îles adjacentes, c'est là qu'il se rendit en quittant l'Amérique. Sur sa route il découvrit dans le nord des îles Sandwich un rocher isolé, qu'il nomma île Necker, et un banc de roches d'une grande étendue. Au milieu de la nuit, il fut sur le point de s'y perdre ; mais il échappa habilement à ce danger, et après avoir réparé ses frégates pendant une relâche de quarante jours à Manille, où les Espagnols mirent tous leurs arsenaux à sa disposition, il commença ses travaux sur la côte orientale de l'Asie, dont la majeure partie était encore tout à fait inconnue. Le détroit qui porte son nom et qui rappelle son passage dans ces mers, lui permit de se rendre en cette même année, 1787, au Kamtschatka, dans le hâvre de Saint-Pierre-et-Saint-Paul. Ce fut là que les malheureux navigateurs reçurent des nouvelles de France. Parmi les dépêches, il s'en trouvait une qui élevait La Pérouse au grade de chef d'escadre.

M. de Lesseps (consul à Lisbonne en 1831), qui avait jusqu'alors fait partie de l'expédition, fut, en qualité d'interprète russe, chargé d'apporter en France toutes les notes et tous les plans de la campagne. Il accepta, non sans éprouver de regrets, la mission de confiance qui lui était donnée; il traversa par terre le nord de l'Asie, de l'Europe, sans rien perdre du dépôt précieux qu'il portait, et arriva à Versailles le 17 octobre 1788, ayant eu beaucoup à souffrir pendant une route aussi longue, à travers les régions austères du Nord. Cependant La Pérouse quitta le Kamtschatk le 29 septembre, et fit route vers le Sud en passant par les îles des Navigateurs et des Amis.

A l'île Maouna, qui fait partie du premier de ces groupes, il eut à supporter une seconde catastrophe, aussi cruelle que celle de la baie des Français. M. de Langle, son ami particulier, capitaine de vaisseau, commandant l'*Astrolabe*, étant entré avec la chaloupe et les canots dans une petite anse entourée de récifs pour faire de l'eau, se trouva à sec à la marée basse; les sauvages, voulant alors le piller, le serraient de fort près, mais tandis qu'il se flattait de les contenir sans effusion de sang, il fut renversé par une grêle de pierres; plusieurs centaines d'hommes tombèrent sur lui et sur ses compagnons, à coups de massue; il fut massacré avec onze personnes de sa suite; les autres se sauvèrent à la nage, et arrivèrent à bord des canots qui étaient encore à flot, la plupart blessés grièvement. Le naturaliste Lamanon fut une des victimes.

Après avoir visité quelques autres îles où se passèrent de événements peu importants, les deux frégates arrivèrent à Botany-Bay le 18 janvier 1788. C'est de là qu'est datée la dernière lettre que La Pérouse a écrite au ministre de la marine (le 7 février); depuis cette époque, un voile funèbre fut jeté sur la destinée de tous ceux qui composaient l'expédition. Ils devaient arriver à l'île de France à la fin de 1788; deux ans s'écoulent, et ils n'y paraissent point encore. Alors l'intérêt qui s'attachait à La Pérouse se fit jour au milieu des agitations de-la révolution française; la société d'histoire naturelle de Paris éleva sa voix devant l'Assemblée nationale, et Louis XVI fut prié d'ordonner l'armement de deux navires pour aller à la recherche des navigateurs. M. d'Entrecasteaux, qui fut chargé de cette recherche, reçut en outre des instructions pour compléter les travaux de La Pérouse.

La seconde partie de sa mission fut accomplie de la manière la plus heureuse par les ingénieurs et les savants qui furent embarqués à son bord, et dont plusieurs, par la suite sont devenus membres de l'Institut : tels que M. Beautemps-Beaupré, hydrographe, à qui l'on doit l'atlas de cette campagne; M. le contre-amiral Rossel, et M. Labillardière, naturaliste, mais le premier but de l'expédition ne fut pas atteint. Aucun indice ne fut découvert sur La Pérouse et ses compagnons; et la femme de La Pérouse, morte seulement en 1809, ainsi que les familles de ces malheureux navigateurs, demeurèrent dans leur inquiète et douloureuse incertitude, ballottés sans cesse entre des

espérances nouvelles et des déceptions d'autant plus cruelles qu'elles n'étaient jamais assez positives pour détruire
ces espérances.

En 1827, le lieu du naufrage de La Pérouse fut découvert, par le capitaine anglais Dillon, dans l'une des îles
Vanikoro : il fut visité de nouveau en 1828, par M. Dumont-
d'Urville, qui éleva sur le rivage un monument à la mémoire de ses infortunés compatriotes, et retira du fond de
la mer un nombre considérable d'objets, déposés aujour-
d'hui au Musée de la marine à Paris.

Notice sur **COOK.**

Ses trois Voyages autour du Monde

James Cook jouit sans contestation, et on peut le dire avec vérité, *dans toutes les contrées du monde,* d'une haute célébrité. Il demeure comme un modèle offert à l'émulation des navigateurs, qui, marchant sur ses traces, n'ont guère eu qu'à compléter le cadre de ses travaux géographiques.

Aujourd'hui un voyage autour du monde n'offre guère plus de dangers qu'une croisière d'hiver dans la Manche ou sur le banc de Terre-Neuve; il suffit néanmoins à la réputation d'un homme d'en avoir accompli un seul; Cook en a fait trois, coup sur coup, dans l'espace de onze ans, et a pu résoudre, lui tout seul, les trois plus grandes questions qui occupaient les géographes de cette époque.

Le premier fut entrepris en 1768, pour aller observer dans une des îles du grand Océan le passage de Vénus sur le disque du soleil.

Or, il y avait alors dans une position subalterne, James Cook, âgé d'environ quarante ans, fils d'un domestique de ferme.

Ce marin, né le 27 octobre 1728, à Marton, dans le comté d'York, avait été mis en apprentissage, chez un mercier de Newcastle, à l'âge de treize ans ; le voisinage de la mer ayant développé chez lui une passion prononcée pour la navigation, il s'était fait *matelot* sur un bâtiment à charbon ; à vingt-sept ans, il était passé, au même titre, sur un bâtiment de l'Etat, et, traversant successivement tous les emplois les plus obscurs et les plus pénibles de la marine, il put acquérir de lui-même, pendant cette humble période de sa vie, les connaissances astronomiques les plus élevées et exécuter des travaux hydrographiques importants. Ces considérations le firent choisir, à l'honneur du gouvernement anglais, pour commander l'expédition scientifique la plus intéressante de l'époque.

Deux hommes célèbres voulurent partager sa gloire et ses dangers, sir *Joseph Banks* et sir *Solander*.

Sir Joseph Banks a été en Angleterre, pendant un demi-siècle, l'un des hommes les plus actifs parmi ceux qui ont poussé à l'avancement des sciences. C'est lui qui a, en quelque sorte, fondé l'Association africaine, qui, pendant quarante ans, a fourni les instructions à la plupart des voyageurs anglais, qui a le premier fait connaître par une description la grotte de Staffa.

La prospérité de la Nouvelle-Galles, le transport de l'arbre à pain en Amérique, la restitution aux Français des papiers de La Pérouse, sont en grande partie le résultat de son influence. Chevalier de l'ordre du Bain, et tenant à la Société royale de Londres la présidence qu'il occupait depuis 1777, sir Joseph Banks est mort en 1820, à l'âge de quatre-vingts ans. Ce savant, qui avait déjà fait, au sortir de l'université, un voyage sur les côtes du Labrador et de Terre-Neuve, se prit d'enthousiasme pour le voyage que Cook allait entreprendre, et voulut l'accompagner. Possesseur d'une grande fortune, il emmena un secrétaire, deux dessinateurs, quatre aides subalternes ; il emporta les instruments les plus parfaits, et se munit d'un grand nombre d'objets dorés pour faire des échanges avec les sauvages ; mais il fit plus encore, il détermina le célèbre naturaliste Solander à faire partie de l'expédition.

Solander était un Suédois, disciple de Linné ; il avait déjà fait, par hasard, un voyage sur mer. Se trouvant en Angleterre, il était allé en rade rendre visite à un de ses amis ; le navire sur lequel il se trouvait reçut l'ordre de se couvrir immédiatement de voiles, et de faire route pour les Canaries, à la rencontre de bâtiments richement chargés qu'il fallait capturer. L'ordre était précis, impératif, le capitaine n'eut pas le loisir de faire reconduire Solander dans le port, et l'emmena. Notre naturaliste se résignant, fit tourner sa captivité au profit de la science, et forma des collections d'histoire naturelle. A son retour, il se fixa en Angleterre, où il eut une place dans le Musée ; ce fut alors que sir Joseph Banks lui proposa le voyage autour du monde, lui garantit la conservation de l'emploi au Musée, et lui assura sur sa propre fortune une rente viagère de 10,000 fr.

Avec d'aussi habiles collaborateurs, les puissants moyens qu'il avait à sa disposition, ses talents et son activité, Cook ne pouvait manquer de justifier les espérances du monde savant. Le passage de Vénus fut heureusement observé dans l'île d'Otahiti ; on reconnut aussi dans cette campagne que la Nouvelle-Zélande était partagée en deux par le canal qui porte depuis lors le nom de *détroit de Cook*.

Au retour de cette première expédition, commencé le 17 mai 1768 et terminée le 21 juin 1771, il reçut le grade de commandant dans la marine anglaise, et fut bientôt désigné pour remplir une nouvelle mission. Il s'agissait de faire de nouveau le tour du globe en passant dans les plus hautes latitudes sud, et de visiter spécialement chacun des coins de l'océan Pacifique qui n'avait pas été examiné, afin de résoudre la question tant de fois agitée sur le continent austral. Beaucoup de savants soutenaient depuis près de deux siècles l'existence de terres australes inconnues, plutôt par des arguments philosophiques que par des faits positifs, et déployaient les immenses conséquences que leur découverte devait produire. Cook remplit sa périlleuse mission avec audace et prudence ; il s'avança au-delà du 71ᵉ degré de latitude, et ne rencontra sur aucun des points qu'il visita le continent désiré. Son opinion constante a été cependant qu'il existait une terre près du pôle. Pendant cette campagne il reconnut, entre autres points, la côte orientale de la Nouvelle-Calédonie, entre la Nouvelle-Guinée et la Nouvelle-Zélande, et le groupe d'îles auxquelles il a donné le nom de terre de Sandwich.

Cook, à son retour, fut reçu avec enthousiasme ; il fut élevé au rang de *capitaine*, il reçut une place dans l'administration de l'hôpital de Greenwich, et fut élu membre de la Société royale de Londres ; enfin il fut décoré de la médaille d'or consacrée par sir Godefroy Copley à l'écrit le plus utile sur des expériences nouvelles : on jugea que son mémoire sur l'emploi des méthodes à l'aide desquelles il était parvenu pendant son voyage à conserver la santé de son équipage, était digne d'être ainsi couronné.

Cook jouissait de son repos et de sa renommée, lorsque l'esprit public, déçu dans l'espérance de trouver la terre *australe,* se tourna vers le nord, et désira ardemment savoir s'il existait réellement un passage vers le pôle qui pût éviter aux navigateurs européens le circuit du cap de Bonne-Espérance ; mais comment oser proposer le commandement d'une nouvelle expédition au capitaine Cook, après toutes les fatigues et les périls qu'il avait essuyés ? Cependant on lui demanda ses conseils pour le succès de cette entreprise ; et dans un dîner chez lord Sandwich, chef de l'amirauté, qui avait déjà provoqué le voyage aux terres australes, on s'étendit longuement sur l'utilité d'une telle découverte pour la navigation. Le capitaine se sentit si animé par toutes les considérations qui furent présentées, qu'il s'élança de son siége avec enthousiasme, en s'écriant, à la satisfaction des vœux secrets de tous ses amis, qu'il se chargeait lui-même d'exécuter le projet. C'était la mort qu'il allait chercher !

Il fut décidé qu'au lieu d'essayer de passer de l'océan Atlantique dans l'océan Pacifique, on ferait tout le contraire. En conséquence, Cook, quittant Plymouth le 12 juillet 1776, se rendit dans le grand Océan septentrional, en passant par les îles qu'il avait déjà visitées, et commença ses travaux sur les côtes orientales du nord de l'Amérique. Après avoir visité cette partie du globe, il revint prendre des rafraîchissements dans les îles Sandwich. Ce fut alors qu'il découvrit l'île *Owhiwhée,* où il fut tué de la manière la plus malheureuse dans une querelle qui s'éleva entre les Indiens et les gens de son équipage, le 14 février 1779.

Notice sur **BOUGAINVILLE**,

MEMBRE DE L'INSTITUT.

Bougainville est un de ces hommes dont la réputation maritime prouve, par une rare exception, que le génie peut quelquefois suppléer dans la navigation aux connaissances pratiques d'une longue expérience.

Placé à vingt-quatre ans, par ses travaux mathématiques, au rang des savants les plus distingués de son pays, officier dont la réputation militaire s'était fondée quelques années plus tard sur des exploits dont avait retenti l'Europe et l'Amérique, toutes les carrières lui semblaient ouvertes, excepté celle de la navigation, où il a pourtant acquis sa principale gloire.

L. A. de Bougainville naquit à Paris le 11 novembre 1729; il fit ses études à l'université de cette ville, où il se fit remarquer par ses rapides progrès dans les sciences.

Destiné par sa famille à la carrière du barreau, il se soumit à ce désir par facilité de caractère, et fut reçu à vingt ans avocat au Parlement.

Il avait à peine commencé son stage lorsqu'il fit paraître la première partie de son *Traité du calcul intégral,* pour servir de suite à l'analyse des *Infiniment Petits,* du marquis de l'Hôpital.

Cet ouvrage posa les premiers fondements de sa réputation scientifique avant d'entrer dans la carrière militaire qu'il devait parcourir avec tant d'éclat.

. L'histoire de Bougainville étonne par la variété de professions auxquelles il s'est livré et la multitude d'événements qui remplissent sa vie.

Le calme du cabinet de l'avocat ne pouvant satisfaire ses goûts, il se fit inscrire aux volontaires noirs; et se livra aux études sévères pour lesquelles, malgré la mobilité de ses idées, il avait montré de grandes dispositions.

En 1753, Bougainville entra comme aide-major dans le bataillon provincial de Picardie. L'année suivante, il devint aide de camp de Chevert. En 1754, il fut envoyé à Londres comme secrétaire d'ambassade. Pendant son court séjour en Angleterre, il fut reçu membre de la société royale. En 1756, il devint aide de camp du marquis de Montcalm, chargé de la défense du Canada : il était alors capitaine de dragons.

Ici la vie de Bougainville commence à s'attacher par l'histoire de nos colonies aux fastes de notre marine. A peine arrivé dans le Nouveau-Monde, on lui confie une aventureuse expédition : à la tête d'un détachement d'élite, par une marche forcée de près de soixante lieues, tantôt à travers des bois impénétrables et sur un terrain couvert de neige, tantôt sur les glaces de la rivière de Richelieu, il s'avança jusqu'au fond du lac du Saint-Sacrement, où il brûla une flottille anglaise sous le fort même qui la protégeait. Le talent et la brillante valeur qu'il avait déployés dans cette étonnante expédition lui firent donner la charge de maréchal-des-logis du plus grand corps d'armée. Le 6 juin 1758, un corps de cinq mille Français, poursuivi et harcelé par une armée de vingt-quatre mille Anglais, allait être contraint de déposer leurs armes : Bougainville ouvre l'avis de les attendre de pied ferme. On n'eut que vingt-quatre heures pour élever et fortifier un camp retranché; les cinq mille Français s'y arrêtèrent et repoussèrent les attaques répétées de l'ennemi, qui, après un combat acharné de deux heures, fut obligé d'abandonner le champ de bataille, couvert de six mille des siens. Bougainville, dont le conseil courageux avait sauvé l'armée, fit dans ce combat des prodiges de valeur; il se montra à tous les postes les plus périlleux, et ne cessa d'exciter l'armée par son exemple que lorsqu'il tomba, vers la fin de l'action, frappé d'un coup de feu à la tête.

Le marquis de Montcalm, hors d'état de défendre la colonie, chargea Bougainville d'aller rendre compte à la cour de France de sa périlleuse situation et demander des renforts.

La France était alors dans une position peu favorable. Aux demandes de Bougainville, le ministre Berryer ne fit d'autre réponse que celle-ci : « Quand le feu est à la maison, » on ne s'occupe pas des écuries. — On ne dira pas du » moins, monsieur, repartit avec sa franchise militaire le » caustique messager, que vous parlez comme un cheval. » Il fallut toute l'autorité de Mme de Pompadour pour apaiser le ressentiment du ministre. Le roi donna à Bougainville, qui n'avait que quelques années de service, la croix de

Saint-Louis et le grade de colonel : à son retour (1759) au Canada, le général Montcalm le nomma commandant des grenadiers et des volontaires, et le chargea de couvrir avec ces deux corps la retraite de l'armée lorsqu'elle se replia sur Québec. Bougainville s'en acquitta avec la bravoure et l'habileté dont il avait déjà donné des preuves. La bataille du 10 septembre 1759, où fut tué Montcalm, décida du sort de la colonie : Bougainville revint en France.

La paix s'étant faite en 1762, Bougainville, à défaut de l'illustration des armes, chercha une autre gloire à conquérir.

Le port de Saint-Malo, célèbre de tout temps par le nombre de ses armements et la hardiesse de ses entreprises, attira ses pensées et ses projets. Il avait eu des relations avec plusieurs négociants de cette ville dans ses voyages au Canada : il les convainquit facilement, après la perte de cette colonie, des avantages qu'ils devaient retirer d'un établissement aux Malouines, archipel situé à l'extrémité méridionale de l'Amérique. Des navires furent équipés, et Bougainville, avec l'autorisation du roi, qui lui conféra le grade de capitaine de vaisseau, se chargea de fonder une factorerie dans ces îles : ce fut ainsi que les bâtiments du port où s'étaient formés Duguay-Trouin et Jean Bart commencèrent la réputation maritime de Bougainville.

Il mit à la voile en 1763 : son entreprise réussit avec tant de bonheur, que les Espagnols, jaloux et inquiets de ses succès, réclamèrent les îles Malouines comme dépendances du continent américain. La cour de France crut devoir leur donner satisfaction, à condition pourtant que les armateurs français seraient indemnisés des dépenses qu'avait nécessitées la colonie. Bougainville fut chargé lui-même de remettre cet établissement aux agents que le cabinet de Madrid devait nommer pour en prendre possession. Ce fut comme dédommagement de cette pénible mission qu'il lui fut accordé d'effectuer son retour par l'océan Pacifique, vaste carrière de découvertes qui s'offrait alors, presque inconnue, aux explorations des voyageurs.

Bougainville est le premier Français qui ait fait le tour du monde. Treize voyages de circumnavigation avaient bien été exécutés avant lui, mais tous par des bâtiments étrangers ; six seulement avaient été entrepris dans l'esprit de la science, les autres avaient été faits dans le but de s'enrichir par la course contre les Espagnols, qui faisaient alors, à l'exclusion de tous les autres peuples, le commerce de ces mers.

Bougainville quitta Saint-Malo, le 15 novembre 1766, sur la frégate *la Boudeuse,* que la flûte *l'Etoile* accompagnait chargée de vivres.

Le passage du détroit de Magellan lui fut très pénible, il lui fallut toute son intrépidité pour affronter les brumes épaisses et les vents impétueux qui avaient toujours arrêté nos navigateurs. Il parvint à les surmonter par son habileté dans une profession dont il faisait pourtant en quelque sorte l'apprentissage.

On peut se faire une idée des difficultés qu'il eut à vaincre en songeant qu'il lui fallut cinquante-deux jours pour franchir un passage que sa relation n'estime qu'à cent trente-deux lieues.

Cependant, malgré les contrariétés et les périls qu'offraient à la navigation ces mers encore peu sillonnées ; malgré les brumes et les tourmentes des eaux australes, malgré les vents alisés et les innombrables écueils des parages inter-tropiques, il les traversa dans toute leur largeur, découvrant sans cesse de nouveaux archipels et de nouvelles îles, visitant et étudiant les pays déjà connus.

Son retour en France se fit le 16 mars 1769. Les développements que ses rapports et le récit de son voyage donnèrent aux sciences géographiques placèrent son nom parmi ceux des plus célèbres navigateurs.

La conduite distinguée de Bougainville durant la guerre d'Amérique lui valut, en 1779, le grade de chef d'escadre, et l'année suivante celui de maréchal-de-camp, dans les armées de terre.

En 1790, lorsque des troubles éclatèrent dans l'armée navale de Brest, le caractère énergique, mais conciliant de Bougainville le firent choisir comme l'officier le plus propre pour les concilier.

Sa voix et son influence furent insuffisantes dans ce mouvement précurseur de bouleversements bien autrement graves. Après quelque temps de luttes, voyant ses efforts inutiles, il donna sa démission, et se consacra de nouveau à l'étude des sciences.

En 1790, il avait projeté un voyage au pôle : tous ses préparatifs venaient d'être terminés, lorsque le comte de Brienne obtint le portefeuille de la marine. Le nouveau ministre, l'ayant fait venir, lui parla dans des termes qui pouvaient faire croire qu'il regardait ce voyage comme une faveur sollicitée par Bougainville : « *Monsieur,* lui dit ce dernier, *croyez-vous donc que ceci soit pour moi une abbaye ?* »

La société royale de Londres, informée que le gouvernement français avait renoncé à cette expédition, fit demander à Bougainville le travail qu'il avait préparé pour ce voyage, dans lequel l'astronome Cassini devait l'accompagner : il l'envoya à cette société. Il avait déterminé deux routes, indiquées sur son plan par *route A* et *route B* : il donnait la préférence à celle-ci.

Le capitaine Phipps, depuis lord Mulgrave , qui entreprit le voyage, suivit la première, et ne put aller au-delà de 80°. Bougainville était persuadé que, si on accordait une prime d'encouragement aux baleiniers, ils arriveraient au pôle ou du moins iraient beaucoup plus loin que lord Mulgrave.

En 1796, Bougainville fut élu membre de l'Institut, puis appelé au bureau des longitudes ; dans ces deux sociétés, il ne cessa pas de travailler pour la science. Lors de la création du sénat, Napoléon, envieux d'entourer son trône impérial de toutes les illustrations, fit entrer Bougainville dans ce corps politique.

Comblé d'honneurs, revêtu des plus hautes dignités, Bougainville mourut en 1811 , âgé de 82 ans, exempt d'infirmités, et jouissant encore de toute l'étendue de son intelligence.

Le capitaine **DUMONT-D'URVILLE.**

Il est arrivé à tout le monde de porter un instant sa pensée sur la Nouvelle-Zélande, cette partie de la terre qui nous est diamétralement opposée, et de songer aux hommes qui, tantôt au-dessus, tantôt au-dessous, emportés comme nous par la rapide rotation du globe, reçoivent, contrairement à nous, la lumière du soleil et sa bienfaisante chaleur. Il n'est personne qui ne jette un regard d'intérêt sur l'histoire de ces peuples qui jouissent de l'été quand nous sommes glacés par l'hiver, qui saluent le soleil levant quand nous le voyons disparaître pour faire place à la nuit.

Grâce aux relations consciencieuses du capitaine Dumont-d'Urville, nous sommes en mesure de donner quelques explications qui pourront nous familiariser avec l'histoire de notre antipode la *Nouvelle-Zélande.* La vaste contrée qu'on désigne sous ce nom n'est pas, il est vrai, rigoureusement placée à l'antipode de Paris, qui est un point dans la mer, mais elle s'étend dans l'autre hémisphère, sur un espace qui correspond à quelques parties de notre France.

La Nouvelle-Zélande offre, sur les cartes, la figure d'une d'une longue bande de terre de 1,600 kilomètres de longueur sur une largeur moyenne de 100 à 120 kilomètres; elle s'étend dans la direction du nord-est au sud-ouest. Cette bande est interrompue vers son milieu par un canal dont la largeur varie de 12 à 100 kilomètres, et se trouve ainsi divisée en deux îles que les habitants nomment *Ikana-maoui* et *Tavaï-Pounamou;* le premier de ces noms s'applique à l'île du nord, le second désigne celle qui est située au sud.

Cette île du sud, par sa configuration montueuse et le peu de sûreté qu'elle offre aux navigateurs, qui n'y rencontrent qu'un petit nombre de ports, n'a jamais été explorée avec autant de soin que l'île septentrionale. Celle-ci, au contraire, pourvue par la nature des plus beaux ports du monde, a de tout temps obtenu la préférence des vaisseaux de toutes les nations, depuis l'époque de la découverte jusqu'au moment présent, où la civilisation prend de si vives racines parmi les Zélandais, que, dans quelques années, ils n'auront peut-être plus à offrir à l'observateur aucun vestige de leur type primitif.

C'est donc véritablement le moment de tracer une histoire rapide de ces contrées.

Les générations qui ont occupé le sol de la Nouvelle-Zélande se sont écoulées pendant une longue suite de siècles, sans laisser aucune trace de leur passage ; aucun monument, aucune tradition, ne peut parler de l'histoire de ces peuples, antérieurement à leur découverte. Le 13 décembre 1642,

Tasman, navigateur hollandais, aperçoit pour la première fois la côte occidentale de la Nouvelle-Zélande ; il conduit son navire dans le détroit du milieu, qu'il prenait pour un vaste enfoncement, et paie sa découverte par la mort de trois matelots, massacrés impitoyablement par les naturels.

Près de cent trente années s'écoulent après la découverte de Tasman, sans que la Nouvelle-Zélande soit de nouveau visitée. Mais en 1769, l'immortel Cook, par une intrépide exploration, trace une carte complète de la configuration de ces côtes, et découvre le canal qui sépare les deux îles. Il rapporte en Europe d'utiles renseignements sur les mœurs et les coutumes des habitants, comme aussi sur les productions du pays.

Deux ans plus tard, Marion périssait assassiné avec vingt-sept hommes de ses équipages par les féroces habitants de cette terre inhospitalière.

Cook visita une seconde fois la Nouvelle-Zélande, en 1773, puis une troisième fois, en 1777. Enfin, depuis le commencement de ce siècle, des relations plus fréquentes et plus intimes se sont établies entre les Européens et les Nouveaux-Zélandais. On a reconnu que si ces derniers étaient des hommes fiers, irascibles et implacables dans leurs vengeances, ils pourraient, traités avec douceur, devenir des amis sûrs et dévoués. Malheureusement, et cela n'était que trop fréquent, leurs hôtes manquaient de procédés, et les traitaient plutôt en esclaves qu'en alliés. Ordinairement, la terreur des armes à feu comprimait l'indignation des naturels, mais dès qu'ils en trouvaient l'occasion, ils se hâtaient de venger leurs injures d'après leurs idées d'honneur, en massacrant leurs ennemis, et en dévorant leurs corps.

Le sol de la Nouvelle-Zélande est excellent, et peut supporter tout espèce de culture. Il est couvert d'arbres d'une beauté remarquable, surtout dans l'intérieur des terres. On a vu souvent les insulaires creuser dans un seul tronc une pirogue de guerre qui doit contenir cinquante à soixante guerriers.

Le plus beau lin du monde, le *phormium tenax* naît spontanément à la Nouvelle-Zélande; on le récolte surtout au bord de la mer dans les crevasses de rocher. Les femmes le peignent, le nettoient avec soin, et en fabriquent des étoffes soyeuses, d'un tissu très remarquable.

Cet admirable lin deviendra un grand objet d'exploitation commerciale, lorsque la Nouvelle-Zélande aura établi avec les Européens ces relations d'intérêt mutuel et de bonne intelligence, auxquelles tendent tous les efforts des missions anglaises établies depuis longtemps dans ce pays. Les bois renferment aussi différentes espèces d'arbres qu'on retrouve dans les climats plus chauds des tropiques, entre autres une jolie espèce de *dracœna*, et quelquefois de petits palmiers, mais la nature ne favorise pas leur développement. La Nouvelle-Zélande, quoique située à peu près comme nous, relativement à l'équateur, jouit d'une température moyenne plus froide que celle de la France, mais aussi plus égale et plus constante. Cette contrée ne connaît pas les froids vifs et intenses qu'on ressent dans quelques parties de la France, non plus que les grandes chaleurs que nous éprouvons en été.

Nulle part dans le monde, les vents ne régnent avec plus de fureur que sur les côtes de ces îles; aussi la conformation de leurs rivages porte-t-elle l'empreinte de l'inclémence des éléments. Les rochers s'y montrent fréquemment nus et déchiquetés et souvent ceux qui sont exposés isolément à la fureur des vagues, sont percés d'outre en outre. et forment des arcades dé différentes grandeurs.

Détails sur les habitants de la Nouvelle-Zélande.

Les Zélandais sont en général grands et bien faits, sans être pourvus d'embonpoint, leurs muscles fermes et arrondis indiquent qu'ils joignent la vigueur à la souplesse. Ils portent la tête haute, les épaules effacées, et leur port ne manquerait pas d'une certaine fierté, sans l'habitude de vivre accroupis dans leurs cabanes ; cette posture accoutume leurs jarrets à une flexion qui détruit la grâce de la démarche.

Les traits de ces hommes sont fortement prononcés, et, chez plusieurs individus, offrent quelque analogie avec ce type indélébile, qui, dans nos climats, distingue la race juive. La plupart ont la face presque entièrement couverte d'un tatouage symétrique, gravé avec un goût et une finesse admirables. Ces stigmates dont ils sont glorieux sont un brevet de valeur guerrière; aussi remarque-t-on que les hommes d'un âge mûr sont seuls décorés du tatouage complet, tandis que les jeunes gens n'ont encore que quelques dessins légers sur les ailes du nez ou vers le menton.

Les guerriers portent la chevelure relevée et nouée sur le

sommet de la tête. Cette coiffure, d'un beau caractère, est souvent ornée de quelques plumes d'oiseaux marins. Ils aiment à se parer de pendants d'oreilles et de colliers, composés communément de petits os humains, ou de quelques dents, trophées d'une sanglante victoire.

La peau de ces insulaires est brune, et l'ocre dont il se frottent souvent leur imprime une teinte rougeâtre qui n'est point désagréable ; les nattes dont ils sont revêtus contractent, par le frottement, une couleur semblable. Ces vêtemeets, tissus du lin soyeux que le sol produit en abondance, sont de véritables chefs-d'œuvre d'art et de patience, si l'on songe à la simplicité des moyens que les naturels emploient pour leur fabrication. Les femmes, comparativement aux hommes, sont d'une petite taille, généralement fort bien prise; des yeux noirs et brillants, des cheveux fins et naturellement bouclés, leur donnent une physionomie qui n'est pas désagréable.

La nourriture des Zélandais consiste en poissons et en racines ; nous ne considérons pas comme un aliment habituel la chair de leurs ennemis tués à la guerre. Ces horribles repas, malheureusement trop fréquents, n'ont lieu cependant qu'après une bataille, ou dans les circonstances où une cruelle superstition leur commande d'immoler des victimes humaines.

Ces insulaires sont essentiellement belliqueux; tout, dans leurs habitudes, décèle l'amour immodéré des combats et du pillage : leurs chants, leurs danses, leurs jeux ne respirent que la guerre. Avant que le commerce des bâtiments baleiniers ne leur eût fait le présent des armes à feu, les Zélandais combattaient avec la lance et un casse-tête de pierre qu'ils nomment *patou-patou ;* aujourd'hni les fusils sont nombreux dans leurs armées et cette meurtrière importation a changé le sort des combats, où naguère encore la force corporelle décidait de la victoire.

Dans ces contrées toutes guerrières, deux vaillants adversaires, *Chongui* et *Pomaré*, se sont longtemps disputé le pouvoir.

Pomaré, frappé d'une balle en 1825, fut dévoré par son féroce vainqueur. Chongui, à la même époque, fut frappé d'un coup de feu qui lui traversa la poitrine; après de longues souffrances, il termina sa vie en 1828, et la Nouvelle-Zélande perdit un chef dont la remarquable intelligence pouvait hâter l'époque de sa civilisation.

Chongui, après la guerre, sa passion dominante, n'avait rien tant à cœur que d'améliorer la condition de son peuple par l'agriculture et les arts mécaniques. C'est dans ce but si noble qu'il se rendit en Angleterre, et qu'il visita Sidney, chef-lieu de la Nouvelle-Galles du sud, connue en France sous la dénomination inexacte de Botany-Bay. Dans cette colonie, sous le patronage du révérend Marsden, missionnaire anglican aussi ardent qu'éclairé, Chongui s'instruisait et travaillait parfois avec une adresse remarquable.

Si les missions ont réussi à améliorer le sort des Zélandais par l'importation de quelques produits utiles, elles n'ont pas obtenu le même succès dans leurs travaux apostoliques. La religion des indigènes n'est qu'un tissu compliqué de superstitions absurdes et souvent cruelles; mais bien des années doivent encore s'écouler avant que la raison vienne modifier dans ce pays les idées religieuses. Parmi leurs dogmes, nous citerons comme se rapprochant des nôtres, l'immortalité des âmes et le respect des sépultures; pour tout le reste, ces malheureux sauvages vivent dans les chaines d'une foule de superstitions dont l'infraction entraîne souvent la perte de la vie.

Les Zélandais, ennemis implacables, épargent rarement le vaincu ; plus d'un équipage européen en a fait la triste expérience. On a pourtant vu chez ces barbares quelques exemples de sensibilité. Vers 1816, un navire fut envahi et livré aux flammes par les sauvages : tous les matelots furent massacrés ; un seul d'entre eux, John Rutherforth, dut la vie à la pitié d'un chef. Sa jeunesse et ses larmes émurent le guerrier zélandais, qui le protégea constamment, le fit tatouer, et lui donna ses deux filles en mariage. L'Anglais vit s'écouler dix ans sans pouvoir échapper à cette vie sauvage. Enfin, en 1826, un navire américain faisant voile près de la côte, il fut envoyé à bord par ses féroces compagnons, qu'il devait, disait-il, rendre maîtres de cette belle prise. Rutherforth se hâta de faire prendre le large au vaisseau menacé d'un sort aussi affreux, et bientôt il revit sa patrie, où il a longtemps occupé la curiosité publique.

La position et le caractère des Zélandais sont favorables à quiconque voudra établir une colonie chez eux. Par leur situation ils ont besoin de secours, et leur caractère les rend susceptibles d'amitié. Quoi qu'on puisse dire en faveur de la vie sauvage des hommes qui jouissent des dons de la nature dans une oisiveté continuelle, la civilisation serait certainement un bonheur pour des êtres à qui la nature ingrate fournit à peine leur subsistance, et sont obligés de s'entre-détruire mutuellement afin ne pas mourir de faim.

Leurs maisons sont les plus grossiers de leurs ouvrages ; à l'exception de la grandeur, elles égalent à peine les chenils d'Angleterre. Elles ont rarement plus de dix-huit ou vingt pieds de long, huit ou dix de large, et cinq ou six de haut, depuis la perche qui se prolonge d'une extrémité à l'autre, et qui forme le faîte, jusqu'à terre. La charpente est en bois, et ordinairement de perches minces. Les parois et le toit sont composés d'herbes sèches et de foin, et le tout est joint ensemble avec bien peu de solidité. Quelques-unes sont garnies en dedans d'écorces d'arbre, de sorte que dans un temps froid elles doivent procurer un très bon abri. Le toit est incliné comme celui de nos granges. La porte est à une des extrémités, et n'a que la hauteur suffisante pour admettre un homme qui se traîne sur les mains et les genoux pour y entrer. Près de la porte est un trou carré qui sert à la fois de fenêtre et de cheminée : car le foyer est à cette extrémité, à peu près au milieu de l'habitation, et entre les deux côtés.

Dans quelque partie visible, et ordinairement près de la porte, ils attachent une planche couverte de sculptures à leur manière. Cette planche a pour eux, autant de prix qu'un tableau en a pour nous. Les parois et le toit s'étendent à environ deux pieds au-delà de chaque extrémité, de manière qu'ils forment une espèce de porche garni de bancs pour l'usage de la famille. La partie du sol destinée pour le foyer est enfermée dans un carré creux, par de petites cloisons de bois ou de pierre : c'est au milieu qu'on allume le feu. Le long des parois, ils étendent à terre un peu de paille sur laquelle ils se couchent.

Leurs meubles et ustensiles sont en petit nombre; un coffre les contient ordinairement tous, si l'on en excepte leurs paniers de provisions, les calebasses où ils conservent de l'eau douce, et les maillets dont ils battent leur racine de fougère; ceux-ci sont déposés communément en dehors de la porte. Quelques outils grossiers, leurs habits, leurs armes, et les plumes qu'ils mettent dans leurs cheveux, composent le reste de leurs trésors. Ceux qui sont d'une classe distinguée, et dont la famille est nombreuse, ont trois ou quatre habitations renfermées dans une cour; les cloisons en sont faites avec des perches et du foin, et ont environ dix ou douze pieds de hauteur.

Quoique ces peuples soient assez bien défendus de l'inclémence du temps dans leurs habitations, lorsqu'ils font des excursions pour chercher des racines de fougère ou pêcher du poisson, ils paraissent ne s'embarrasser en aucune manière d'avoir un abri. Ils s'en font quelquefois un contre le vent; d'autres fois ils ne prennent pas même cette précaution; ils couchent sous des buissons avec leurs femmes et leurs enfants, leurs armes rangées autour d'eux.

L'industrie de ces peuples se montre principalement dans leurs pirogues. Elles sont longues et étroites et d'une forme très ressemblante aux canots dont on se sert pour la pêche de la baleine dans la Nouvelle-Angleterre. Les plus grandes de ces pirogues semblent être destinées principalement à la guerre, et portent de quarante à quatre-vingts ou cent hommes armés.

Quelques-unes des plus petites ont des balanciers. Ils en joignent quelquefois deux ensemble. La sculpture des ornements de la poupe et de la proue des petites pirogues, qui semblent destinées uniquement à la pêche, consiste dans la figure d'un homme, dont le visage est aussi hideux qu'on puisse l'imaginer; il sort de la bouche une langue monstrueuse, et des coquillages blancs lui servent d'yeux. Les plus grandes pirogues, qui semblent être leurs bâtiments de guerre, sont magnifiquement ornées d'ouvrages à jour, et couvertes de franges flottantes de plumes noires qui forment un coup-d'œil agréable; souvent aussi les planches du plat-bord sont sculptées dans un goût grotesque, et décorées de touffes de plumes blanches placées sur un fond noir.

Les pagaies des pirogues sont petites, et très proprement faites; la pale est de forme ovale, ou plutôt elle ressemble à une large feuille. Elle est pointue au bout, plus large au milieu, et elle diminue par degrés jusqu'à la tige. La pagaie a environ six pieds dans toute sa longueur; la tige, y compris la poignée, en comprend quatre, et la pale deux. Au moyen de ces rames, ils font aller leurs pirogues avec une vitesse surprenante.

Ils ne sont pas fort habiles dans la navigation ne sachant aller que vent arrière. La voile qui est de natte ou de réseau, est étendue entre deux perches élevées sur chaque plat-bord, et qui servent à la fois de mâts et de vergues. Deux cordes correspondent à nos écoutes, et sont par conséquent attachées au-dessus du sommet de chaque perche.

Quelque grossier et quelque incommode que soit cet appareil, les pirogues marchent fort vite vent arrière, elles sont gouvernées par deux hommes assis sur la poupe, et tenant chacun une pagaie dans leur main.

Leur culture est aussi parfaite qu'on a lieu de l'attendre d'un pays où un homme ne sème que pour lui, et où la terre donne à peine autant de fruits qu'il en faut pour la subsistance des habitants.

C'est dans la partie septentrionale de la Nouvelle-Zélande que l'agriculture, l'art de fabriquer des étoffes, et les autres arts de la paix, semblent être mieux connus et plus pratiqués; on en trouve peu de vestiges dans la partie méridionale. Mais les arts qui appartiennent à la guerre sont également florissants sur toute la côte.

Leurs armes, peu nombreuses, sont très propres à détruire leurs ennemis; ils ont des lances, des dards, des haches de bataille et le patou-patou. La lance a quatorze ou quinze pieds de long; elle est pointue aux deux bouts, et quelquefois garnie d'un os; on l'empoigne par le milieu, de sorte que, la partie de derrière balançant celle du devant, elle porte un coup plus difficile à parer que celui d'une arme qu'on tient par un des bouts.

Ces peuples n'ont ni frondes, ni arcs. Ils lancent le dard, ainsi que les pierres, avec la main; mais ils s'en servent rarement, si ce n'est pour la défense de leurs forts. Leurs combats dans les pirogues ou à terre se font ordinairement de corps à corps; le massacre doit par conséquent être fort grand, puisque, si le premier coup de quelques-unes de leurs. armes porte, ils n'ont pas besoin d'en donner un second pour tuer leur ennemi. Ils paraissent mettre leur principale confiance dans le patou-patou, qui est attaché à leur poignet avec une forte courroie, de peur qu'on ne le leur arrache par force; les principaux personnages du pays le suspendent ordinairement à leur ceinture, comme un ornement militaire, et il fait partie de leur habillement comme le poignard chez les Asiatiques et l'épée chez les Européens. Ils n'ont point d'armure défensive. Outre leurs armes, les chefs portent un bâton de distinction, comme nos officiers porteaint un esponton. C'était communément une côte de baleine, aussi blanche que la neige, et décorée de sculptures, de poils de chien et de plumes; d'autres fois un bâton d'environ six pieds de long, orné de la même manière, et incrusté de coquillages ressemblants à la nacre de perle.

Ceux qui portent ces marques de distinction sont ordinairement vieux, ou au moins ils ont passé le moyen âge ; ils ont aussi sur le corps plus de taches d'amoco que les autres.

Les habitants de la Nouvelle-Zélande semblent faire moins de cas des femmes que les insulaires du Grand-Océan ; telle était du moins l'opinion de Topia, qui s'en plaignait comme d'un affront fait au sexe. On a remarqué que les deux sexes mangeaient ensemble, mais on ne sait guère la manière dont ils partagent entre eux les travaux. On croit généralement que les hommes labourent la terre, font des filets, attrapent des oiseaux, vont à la pêche, et que les femmes recueillent la racine de fougère, rassemblent près de la grève les homards et les coquillages, apprêtent les aliments et fabriquent l'étoffe.

On ne peut supposer que nous ayons pu acquérir des connaissances très étendues sur la religion de ces peuples. Il reconnaissent l'influence de plusieurs êtres supérieurs, dont l'un est suprême et les autres subordonnés ; ils expliquent à peu près de la même manière que les Taïtiens l'origine du monde et la production du genre humain.

Topia semblait avoir sur ces matières de plus grandes lumières qu'aucun des habitants de la Nouvelle-Zélande, et lorsqu'il était disposé à les instruire, ce qu'il faisait quelquefois par de longs discours, il était sûr d'avoir un nombreux auditoire qui l'écoutait avec un silence si profond, avec tant de respect et d'attention, que l'on ne peut s'empêcher de leur souhaiter un meilleur prédicateur.

On ne sait pas encore quels hommages ils rendent aux divinités qu'ils reconnaissent ; mais on n'a point vu de lieux destinés au culte public, comme les moraïs des insulaires du Grand-Océan. Cependant on voit près d'une plantation de patates douces une petite place carrée environnée de

pierres, au milieu de laquelle on a dressé un des pieux poin-
tus qui leur servent de bêche, et auquel était suspendu un
panier rempli de racines de fougère. Par ce moyen, les
naturels adressent à leurs dieux, une offrande par laquelle
ils espèrent les rendre plus propices, et obtenir d'eux une
récolte abondante.

Nous ne pouvons donner une idée précise de la manière
dont ils disposent de leurs morts. Les rapports qu'on nous a
faits sur cet objet ne sont point d'accord. Dans les parties
septentrionales de la Nouvelle Zélande, ils les enterrent, et
dans la partie méridionale on les jette dans la mer. Il est
sûr qu'on n'aperçoit point de tombeaux dans le pays, et qu'ils
affectent de cacher, avec une espèce de secret mystérieux,
tout ce qui est relatif à leurs morts. Mais quels que soient
leurs cimetières, les vivants sont eux-mêmes des espèces
de monuments de deuil.

A peine voit-on une seule personne de l'un ou de l'autre
sexe dont le corps n'ait pas quelques cicatrices de blessures
qu'elle s'est faites comme un témoignage de sa douleur pour
la perte d'un parent ou d'un ami.

Quelques-unes de ces cicatrices sont tellement larges et
tellement profondes, que l'on rencontre plusieurs habitants
dont le visage est totalement défiguré. On a encore observé
dans ce pays un monument d'une autre espèce : c'était une
croix dressée près du canal de la Reine-Charlotte.

Après avoir décrit le mieux qu'il nous a été possible les
usages et les opinions des habitants de la Nouvelle-Zélande,
ainsi que leurs pirogues, leurs filets, leurs meubles, leurs
outils, leur habillement, nous ferons remarquer que les
ressemblances que nous avons trouvées entre ce pays et les
îles du Grand-Océan, relativement à ces différents objets,

sont une forte preuve que tous ces insulaires ont la même origine, et que leurs ancêtres communs étaient natifs de la même contrée.

Suivant la tradition de chacun de ces peuples, ses pères vinrent, il y a très longtemps, d'un autre pays. D'après cette même tradition, ce pays s'appelait Hiouidja. Au reste, la conformité des langages paraît établir ce fait d'une manière incontestable.

Quant aux îles de Taïti, dont nous avons parlé, nous pouvons dire que, grâce aux fureurs de la persécution, elles ont perdu, depuis Cook, plus des neuf dixièmes de leur population. Les naturels, autrefois si industrieux, si actifs et si gais, sont plongés aujourd'hui dans une sorte d'idiotisme. Plus d'arts, plus d'industrie, plus de plaisirs. On leur a défendu jusqu'à la flûte, signal autrefois des danses et des jeux ; le moindre amusement est puni dans ce pays dont la nature semblait avoir fait le temple des plaisirs. Cette beauté des formes et des traits qui caractérisait les premiers Taïtiens a aussi complètement disparu : les Taïtiens d'aujourd'hui ne ressemblent en rien à ceux d'autrefois.

Campagnes du chevalier de TOURVILLE.

Anne-Hilarion de Cotentin, chevalier de Tourville, n'avait encore que dix-huit ans, lorsqu'il s'embarqua, à Marseille, sur une frégate commandée par le chevalier de Hocquincourt, auquel il avait été confié par M. de la Rochefoucauld, son parent. Arrivé en moins de quatre jours à l'île de Malte, il fut présenté à Gessan de Clermont, grand-maître des chevaliers. Six d'entre eux ayant manifesté le désir de s'embarquer, Hocquincourt les reçut, et s'adjoignit le corsaire Cruvilier, marin fort expérimenté, qui commandait une frégate de vingt-quatre canons. L'un et l'autre ne tardèrent point à se mettre en mer pour donner la chasse à deux navires tripolitains, qui causaient les plus grands ravages dans l'Archipel. Durant la navigation, quelques chevaliers de Malte se permirent des plaisanteries sur notre jeune marin, dont l'apparente délicatesse ne leur semblait pas compatible avec sa profession. S'adressant à l'un d'eux : — Voulez-vous parier, dit Tourville que je monterai au moins aussi vite que vous au haut du grand mât de perroquet? — Je suis trop de vos amis, lui répliqua le chevalier, pour vous laisser casser le cou sur le tillac, ou vous voir tomber dans la mer. Un moment après, le vent, qui soufflait avec violence, fit crier au pilote qu'il fallait amener la voile du grand perroquet. Le chevalier se tournant alors vers Tourville : — Il est temps de vous signaler, lui dit-il, allez aider à plier cette voile. — Tout vieux marin que vous êtes, lui répondit Tourville, je vous défie de me suivre. Soudain il s'élance sur un des haubans, de là au haut du grand mât de perroquet, où il arrive aussitôt que les matelots qui étaient partis avant lui, et il manœuvre avec autant d'adresse et d'aisance que s'il eût fait ce métier toute sa vie. On cessa dès lors de le plaisanter, et notre jeune marin manœuvra toujours comme un simple matelot, même dans les moments les plus difficiles.

Après bien d'inutiles recherches, on trouva deux pirates algériens, au lieu de tripolitains qu'on poursuivait. Hocquincourt plaça Tourville avec six volontaires et deux chevaliers au poste le plus dangereux, s'avança vers les ennemis, reçut leur bordée, et leur lâcha la sienne presque à bout portant. Sans leur donner le temps de s'éloigner, il revira le bord, et leur envoya une seconde bordée, qui, ainsi que la première, causa chez eux les plus grands ravages; pendant ce temps, Cruvilier ne se distinguait pas moins contre l'autre vaisseau qu'il avait attaqué.

Irrités par l'immensité de leurs pertes, les Algériens tentent trois fois l'abordage, et trois fois ils sont repoussés. Une quatrième leur réussit; mais c'est pour les livrer à l'épée des volontaires, et surtout à celle de Tourville. Ce jeune héros renverse tous les Musulmans qui se présentent pour le combattre ; en un instant il est environné de corps morts, et tous ceux qui se sont élancés sur le pont sont tués ou jetés à la mer. Les Turcs, qui ne s'attendaient pas à tant de résistance, se disposaient à prendre la fuite, quand ils furent tout à coup secourus par les deux navires tripolitains, que Hocquincourt avait d'abord tant cherchés. Le combat recommença alors avec une fureur nouvelle et plus terrible que jamais. Enfin, au bout de trois heures, le chevalier de Hocquincourt, voyant son vaisseau désemparé, et son équipage non moins harassé de fatigue que criblé de blessures, résolut de tenter un dernier effort. S'apercevant que le bâtiment tripolitain qui l'avait le plus pressé, avait considérablement perdu de son ardeur, il jugea qu'il lui était arrivé quelque malheur, et il ordonna de manœuvrer vers lui. On lui obéit, on aborde le navire ennemi, on l'accroche, on s'y élance. Les Tripolitains, découragés par la mort de leur capitaine, ne résistent que faiblement à la foudroyante valeur des Chrétiens et principalement de Tourville. A ce jeune héros, plus qu'à tout autre, appartint la gloire de cet abordage, qui fut immédiatement suivi de la prise du navire musulman. L'autre vaisseau tripolitain, que, pendant ce temps, Hocquincourt avait tenu éloigné par un feu continuel, se décida sur-le-champ à prendre la fuite. L'un des pirates algériens en fit autant, et l'autre, qui combattait en désespéré contre Cruvilier, fut coulé à fond par Hocquincourt. Le déplorable état où se trouvait le vaisseau de ce chevalier ne permit point de poursuivre les fuyards. On joignit alors le bâtiment capturé. De tous ceux qui avaient contribué à le prendre, six seulement avaient été tués; mais tous les autres avaient été blessés. Tourville se trouva atteint de trois coups assez dangereux pour qu'il fallût le panser sur ce bord. On tira du fond de cale un homme qui s'y était caché et que l'on conduisit à Hocquincourt : — Comment se fait-il, lui demanda ce chevalier, qu'une telle multitude ait cédé si aisément à un petit nombre d'agresseurs? — Dites plutôt à un seul, répartit ce prisonnier, car il n'y a eu qu'un grand jeune homme, beau comme un ange, qui a causé tout ce carnage. Sa valeur et sa force sont si grandes, qu'il n'est pas surprenant qu'on n'ait pu lui résister : il faut que ce soit un Dieu ou un diable. — Hocquincourt n'eut pas de peine à comprendre que le prisonnier voulait désigner Tourville. Cet intrépide marin n'avait alors que dix-neuf ans. Conduit à Sifanto, il s'y rétablit de ses blessures et se hâta de rejoindre ses frères d'armes. Hocquincourt le nomma lieutenant de la prise que l'on devait à son intrépidité, et à laquelle il ordonna d'aller en avant pour servir d'amorce aux corsaires turcs. Bientôt parurent deux vaisseaux de Tunis, qui avaient pris la veille un navire marchand et l'avaient armé en guerre. Comme ils cherchaient le profit et non le danger, ils ne se seraient point exposés au combat, si, trompés par la prise tripolitaine ils n'eussent regardé l'escadre de Hocquincourt comme trois vaisseaux turcs. Ils reconnurent trop tard leur erreur. Le vaisseau de Tourville fut le premier à engager l'action, en attaquant un navire qui n'avait pas plus de canons que lui, mais dont l'équipage était quatre fois plus nombreux. Il en reçut une bordée qui ne lui fit pas grand mal, et il lui répondit avec plus de succès. Voyant que l'artillerie des Chrétiens était mieux servie que la leur, les Turcs voulurent aller à l'abordage, et furent repoussés

avec vigueur par Tourville, sur lequel ils dirigeaient presque tous leurs coups. Leur fureur ne déconcerta point notre
valeureux marin. Après la mort de son capitaine, qui fut
emporté d'un coup de canon, il chargea les pilotes de la
manœuvre, confia les soins de l'artillerie à l'enseigne, et
se réserva les coups de main. Le combat se ranima avec
une ardeur incroyable, et Tourville se voyait au moment de
triompher, quand on vint l'avertir que le navire était percé
à fleur d'eau, et que la voie étant trop grande pour que les
pompes y pussent remédier, il fallait se rendre ou couler
bas. Pour toute réponse, il ordonna l'abordage. Les Turcs
qui ignoraient le malheur arrivé à son bâtiment, s'y préci-
pitèrent en foule et furent engloutis par les flots, tandis
que Tourville, avec tout ce qu'il avait d'hommes en état de
combattre, s'élançait sur le leur et travaillait à s'en emparer. Ce ne fut pas sans peine qu'il y parvint. Les Turcs qui
lui restaient encore à combattre étaient en plus grand nombre que son équipage et se défendaient avec l'énergie du
désespoir. Ils se servaient, pour retranchements, du châ-
teau d'avant et des chambres, tandis que les Chrétiens combattaient à découvert. Enfin, Tourville entrevoyait le
moment où, malgré sa valeur, il allait être vaincu, quand
un grand bruit, venant de l'écoutille, attira son attention.
Il y envoya quatre matelots armés de haches, et cinquante
esclaves chrétiens, qui, s'en élançant bientôt après, se
précipitent sur les Turcs, changent soudain la face du
combat, et décident la victoire en faveur de notre vaillant
chevalier. Il était nuit alors ; on n'apercevait plus les vaisseaux de Hocquincourt et de Cruvilier, qui, après avoir
forcé leurs adversaires à fuir, s'étaient mis à leur poursuite ; et Tourville, de concert avec son équipage, se déter-

mina à retourner à Sifanto pour y radouber son nouveau bâtiment. De là, il se rendit à Zante, où, contre son espoir, il ne trouva point Hocquincourt; il alla ensuite à Malte, où il ne fut pas plus heureux. Le Grand-Maître le reçut cependant avec la plus haute distinction et lui proposa de s'associer à un corsaire napolitain, nommé Carini, dont les talents et la bravoure étaient célèbres dans tout l'Orient. Cette offre fut agréée volontiers. Bien que déjà capable de diriger en chef une expédition, Tourville, aussi modeste que brave, parvint à faire accepter au corsaire le commandement de leur petite escadre. Ils convinrent d'attaquer tous les vaisseaux musulmans qu'ils rencontreraient, sans avoir égard à leur nombre, de ne jamais prendre la fuite, quelque chanceux que parût le succès, de n'éviter jamais le combat, et de partager toutes les prises entre eux et leurs équipages. Enfin, ils statuèrent par un acte que celui des deux qui survivrait à l'autre hériterait de toutes ses parts.

Ils allèrent de nouveau mouiller à Zante. Ils y apprirent que Hocquincourt y avait hiverné et en était reparti. On les informa également que trois corsaires turcs croisaient vers les îles de Sapienza pour surprendre les vaisseaux qui entraient dans le golfe de Venise ou qui en sortaient. Un capitaine vénitien, que la crainte de les rencontrer retenait dans ces parages, promit de se joindre à nos deux braves aventuriers, et de résister en cas d'attaque. On profita de sa bonne volonté, et les trois navires se mirent en mer. A la hauteur de l'île de Carrera, le Vénitien, qui allait le premier, signala trois voiles turques, et attendit Carini et Tourville, qui, l'ayant placé entre eux, manœuvrèrent vers les ennemis. Après les premières bordées, les Musulmans, qui plusieurs fois avaient tenté l'abordage et qui avaient été plusieurs fois repoussés, l'essayèrent encore avec un nouvel acharnement. Tourville les laissa pénétrer dans son vaisseau, et, quand il en vit cent cinquante sur son bord, il fit couper les amarres, repoussa le bâtiment ennemi, et le tint en respect par le feu de son artillerie, tandis qu'il massacrait ou mettait aux fers tous les Turcs qui s'étaient jetés sur son tillac. Charmé du succès de cette manœuvre, il la réitéra, réussit encore, et, sautant à son tour sur le navire musulman, il s'en rendit maître sans beaucoup d'efforts. Ayant chargé le chevalier Marini d'y commander, il repassa sur son bord et vint avec sa prise au secours de Carini ainsi que du Vénitien ; mais les deux autres vaisseaux turcs ne l'attendirent pas ; l'un réussit à fuir, et l'autre, l'ayant tenté inutilement, mit le feu à ses poudres et se brûla. La prise faite par Tourville contenait beaucoup d'argent que l'on partagea, et un grand nombre d'esclaves chrétiens, qui durent à la valeur de notre jeune héros le recouvrement de leur liberté.

Après avoir escorté jusqu'à Venise le capitaine de cette nation, qui l'avait parfaitement secondé, Tourville fut présenté au Doge, accueilli par ce prince avec distinction, et repartit accompagné du corsaire napolitain et de Marini. Parvenu à la hauteur de Vénética, il aperçut quatre vaisseaux turcs, parmi lesquels se trouvait celui qui avait échappé à la dernière rencontre. L'action ne tarda pas à s'engager avec une fureur inconcevable. Quelques bordées suffirent à notre jeune marin pour mettre un des navires ennemis hors de combat, et pour tuer le capitaine d'un autre de ces bâtiments. La terreur, qui déjà s'était attachée à son nom, et son extraordinaire valeur, le rendirent bientôt maître de ces deux vaisseaux. Il en coula un à fond après l'avoir dépouillé, et alla secourir celui de Carini. Arrivé assez tôt pour sauver ce navire, dont le capitaine avait été tué, il força les assaillants à une fuite rapide, tandis que la prise qu'il avait faite mettait en pleine déroute les adversaires de Marini. Telle fut l'issue d'un combat où Tourville, à peine âgé de vingt ans, se montra l'égal des marins les plus consommés. Lorsqu'il eut radoubé, à Sifanto, ses quatre bâtiments, il se mit en possession de ce qui avait appartenu à Carini, il partagea le butin qu'il venait de faire, donna au chevalier Morozini le commandement de la prise et de celui du corsaire napolitain au chevalier de Saint-Roman. Il alla à Zante vendre ses esclaves et augmenter ses équipages. Arrivé à Malte, il y trouva Cruvilier et Hocquincourt. Comme ces deux marins voulaient se quitter, il céda au premier deux de ses navires, et se remit sous les ordres du second, avec son vaisseau et celui de Marini.

Ces trois braves chevaliers parcoururent la mer durant deux mois, sans rencontrer l'occasion de nouveaux triomphes. Enfin, ils aperçurent six voiles algériennes qui, à leur vue, s'enfuirent précipitamment. Le chevalier de Tourville, dont le bâtiment était meilleur voilier que ceux de ses deux compagnons, atteignit le plus formidable de ces pirates, le canonna, l'aborda, et, malgré la plus opiniâtre résistance, s'en empara aux yeux de Hocquincourt et de Marini, qui, pour ne point affaiblir l'honneur d'une si belle victoire, en demeurèrent paisibles spectateurs.

Comme la santé du premier de ces deux marins se trouvait fort altérée, on retourna à Malte, où Tourville lui rendit tous les soins de la plus touchante amitié, et ne se distingua pas moins par l'excellence de son cœur, qu'il ne s'était illustré par l'héroïsme de son courage.

Lorsque Hocquincourt se fut rétabli, il se remit en mer avec Marini et Tourville. Ces trois valeureux marins ne tardèrent pas à rencontrer trente-six galères turques, qui, les ayant aperçus, se hâtèrent de les venir attaquer. Quelque disproportionné que fût leur nombre à celui de leurs adversaires, ils s'avancèrent hardiment au-devant de la bataille qu'on leur présentait. Par des canonnades lâchées plus à propos et mieux dirigées, ils répondent à celles de leurs ennemis et les empêchent d'aborder; ils les écrasent à coups de grenades et de lances à feu; ils les foudroient de leur mousqueterie; et après avoir, durant neuf heures consécutives, soutenu avec avantage le combat le plus inégal, et tué plus de huit cents hommes à leurs ennemis, ils les forcent à se retirer vers le fort Dauphin, dans l'île de Chio. Cette victoire était glorieuse, mais chèrement achetée : nos trois chevaliers, hors d'état de tenir plus longtemps la mer, allèrent à Malte pour réparer leurs navires ; mais ils y furent froidement reçus par le Grand-Maître, que l'on avait indisposé contre eux. Reconnaissant dans cet accueil l'ouvrage de la jalousie qu'avaient xcitée leurs exploits, ils quittèrent le service de l'Ordre, vendirent leurs vaisseaux, passèrent à Venise, et y obtinrent du Doge le commandement de deux navires.

A peine se sont-ils mis en mer que, guidés par un coup de canon, ils trouvent deux corsaires turcs qui combattent trois bâtiments marchands vénitiens. Arrivés assez à temps pour les empêcher de se rendre, nos deux chevaliers se placent entre eux et les Musulmans, qu'ils se mettent à canonner. Tourville leur fait surtout le plus grand mal; il en tue un nombre considérable, détruit les agrès, et repousse victorieusement toutes les tentatives d'abordage. Enfin, s'il permet aux ennemis de monter sur son bord, ce n'est que pour qu'ils y trouvent la captivité ou le trépas. Effrayé par tant de courage, le capitaine turc, qui l'a combattu, coupe les amarres et se hâte de fuir. Pendant ce temps-là, Hocquincourt coulait à fond le corsaire qu'il avait attaqué. Lorsque nos deux vainqueurs se furent radoubés, ils escortèrent les vaisseaux marchands. Tourville y fit embarquer tous ses prisonniers, afin qu'ils fussent présentés au Doge.

Depuis ce combat, deux mois s'écoulèrent sans aucune rencontre. Mais, le 28 novembre 1665, à la nuit très obscure, nos deux marins se trouvèrent près de vingt-six galères turques. On se prépare de part et d'autre au combat, on s'attaque ; et, après quelques heures d'un feu terrible, les galères se dérobent par la fuite à une entière destruction. Hocquincourt et Tourville allèrent se réparer à Zante et en repartirent le 1er mai. Le 3 juin, ils essuyèrent une tempête qui les sépara. Le lendemain, Tourville aperçut un vaisseau qu'il prit pour celui de Hocquincourt, mais qu'il reconnut bientôt pour un bâtiment turc, écarté de sa conserve par la tempête. Quoique fort maltraité par le mauvais temps, notre intrépide chevalier ne balança point pour attaquer ce navire. Il s'en rendit maître après un rude combat, où le sien fut fort endommagé. Comme il allait le faire radouber à Zante, il rencontra Hocquincourt, qui l'emmena à Venise. Ils y furent accueillis l'un et l'autre avec toute la distinction et tous les honneurs dont leurs talents et leur courage les avaient rendus dignes, mais Tourville y reçut des lettres de sa mère, qui le décidèrent à quitter le service de Venise pour entrer à celui de sa patrie.

Exploits de Tourville contre les Algériens.

Dès la première nouvelle des hostilités que les Algériens recommençaient de commettre contre la France, Tourville reçut le commandement d'une escadre et l'ordre de courir sur les vaisseaux de cette régence. Notre illustre marin partit aussitôt; il trouva plusieurs de ces pirates près de Ceuta; il fondit sur eux avec son courage ordinaire; il coula à fond leur amiral qui portait quarante canons, et deux bâtiments de vingt-six pièces d'artillerie; enfin, il s'empara de tous les autres. De là, Tourville fit voile vers la Sardaigne. Il rencontra dans ces parages deux navires algériens, chacun de soixante-trois pièces de canon, il les attaqua, et les contraignit de s'échouer sur la côte méridionale de cette île, non loin de celle de Vaca; il prit cent quatre-vingts musulmans, délivra quarante-six chrétiens presque tous français, et ne rentra à Toulon que parce que le mauvais temps ne lui permettait plus de tenir la mer.

Exploits de Tourville contre les Hollandais et les Espagnols.

Tourville, d'après l'ordre de Louis XIV, partit de Brest pour croiser dans la Manche et y faire quelques prises sur les Hollandais, alors en guerre avec la France ; il devait ensuite aller joindre le maréchal d'Estrées, chargé de châtier les Algériens.

Peu de jours après avoir mis à la voile, Tourville aperçut deux vaisseaux hollandais ; il les joignit ; les ayant combattus avec opiniâtreté, il les obligea de se rendre ; et les trouva chargés pour plus de six millions de marchandises. Ayant détaché deux navires de son escadre pour conduire en France cette prise, il se dirigeait vers Alger, lorsqu'il rencontra deux bâtiments espagnols, revenant de Naples sous la conduite du vice-amiral Papachin. Notre amiral lui envoya une tartane pour lui envoyer le salut. L'Espagnol ayant répondu fièrement qu'il n'avait pas d'ordre pour cela, et qu'on s'éloignât promptement, la tartane en avertit Tourville, qui vint sur-le-champ, à la portée du pistolet, lancer sa bordée à Papachin. Celui-ci riposta bravement, et le combat s'engagea avec fureur. Mais le chevalier de Château-Renaud et le comte d'Estrées, chacun à la tête d'un vaisseau français, réunirent leurs efforts à ceux de Tourville, démâtèrent et percèrent à jour le vaisseau de Papachin, lui enlevèrent celui qui l'accompagnait, l'obligèrent à saluer de neuf coups de canon le pavillon français et le quittèrent après l'avoir salué de même.

Derniers exploits de Tourville.

Les pertes essuyées par la marine française à la bataille de la Hogue, n'avaient pu flétrir les lauriers de l'héroïque Tourville. Personne n'ignorait que cet habile amiral avait, pendant un jour entier, lutté contre les Anglais qui lui étaient bien supérieurs en nombre; qu'il leur avait fait éprouver de grands dommages plus grands que ceux dont il avait souffert; et que les désastres que nous avons à déplorer, n'ayant eu lieu qu'après la bataille, ne devaient être imputés qu'à l'inconstance des vents. C'est ce que reconnurent le duc de Vendôme et Louis XIV lui-même. Le premier adressa à ce sujet ces belles paroles à Tourville : — *Bien des généraux remportant la victoire n'ont pas acquis tant de gloire que vous en la perdant.* Le second informé du résultat de cette bataille, demanda aussitôt : *Tourville est-il sauvé ?* puis il ajouta : — *On peut trouver des vaisseaux; mais on ne trouve pas aisément des hommes tels que lui.* Enfin, quand Tourville se présenta à la cour : — *Comte*, lui dit le monarque, *j'ai eu plus de joie d'apprendre qu'avec quarante de mes vaisseaux, vous en avez combattu quatre-vingt de mes enne-*

mis pendant un jour entier, que je ne me sens de chagrin de la perte que j'ai faite. Ensuite, pour le consoler de son malheur, ce grand roi le créa maréchal de France.

Mais tant de suffrages ne purent apaiser, dans le cœur de notre héros, le regret que lui causaient les suites désastreuses de cette journée, et il se hâta de les venger, aussitôt qu'en 1693 il se vit à la tête d'une flotte nouvelle. Parti de Brest le 26 mai, il rencontra, non loin du détroit de Gibraltar, une flotte ennemie, composée d'un nombre considérable de vaisseaux marchands, qu'escortaient vingt-sept vaisseaux de guerre. Tourville l'attaqua, brûla quarante-cinq navires et en prit vingt-sept. Jean Bart, qui faisait partie de cette expédition, captura ou détruisit six de ces bâtiments. Cependant, le chevalier de Coëtlogon entra dans le Vieux-Gibraltar et y brûla ou coula à fond cinq vaisseaux anglais portant depuis trente-six jusqu'à cinquante canons. Il en prit neuf autres qui étaient chargés de vivres. Après ce fait d'armes qui coûta aux ennemis une perte de vingt millions, Tourville, malgré l'opposition des Espagnols, alla brûler dans la rade de Malaga plusieurs navires parmi lesquels il s'en trouvait deux anglais, trois de Flessingue, une frégate turque qu'ils avaient capturée, et plusieurs bâtiments espagnols.

Des infirmités, résultant de ses longues et nombreuses fatigues, forcèrent bientôt Tourville de renoncer à la mer, et ne lui permirent plus de se rendre utile à son roi que par les innombrables exemples qu'il léguait à l'admiration et à l'imitation de nos marins.

FIN.

TABLE.

—

FIN DE LA TABLE.

Limoges. — Typ. F. F. Ardant frères.